962A. B3 - 100 (1)

19

LE DISCOURS
FRANCO-ONTARIEN

Couverture : Lettre du Juge Albert Constantineau au Délégué apostolique, Mgr D. Sbaretti, 10 décembre 1909 (Fonds ACFO, C2-1-12, CRCCF, Université d'Ottawa)

mo
Dr

LE DISCOURS FRANCO-ONTARIEN

Textes choisis et réunis par
Paul-François Sylvestre
à l'occasion du
75ᵉ anniversaire
de l'Association canadienne-
française de l'Ontario

Université d'Ottawa
BIBLIOTHÈQUES

LIBRARIES
University of Ottawa

LES ÉDITIONS L'INTERLIGNE
1985

FC
3100.5
.D576
1985

LE DISCOURS FRANCO-ONTARIEN

Cet ouvrage a pu être produit grâce aux contributions de l'Association canadienne-française de l'Ontario (ACFO), de la Fédération des caisses populaires de l'Ontario, de Radio-Canada, du Bureau du coordonnateur provincial des services en français, de Direction-Jeunesse, du Conseil de vie française en Amérique, du Secrétariat permanent des peuples francophones et de toutes les associations, régionales et affiliées, qui ont inclus leurs hommages dans ce recueil.

Composition et montage : Lynne Levasseur, Pierre Arpin
Impression : Imprimerie Roger Vincent
Réalisation : ACORD

Dépôt légal : Bibliothèque nationale du Canada, 1er trimestre 1985

Copyright © Ottawa, 1985
Les Éditions l'Interligne
C.P. 358, Succursale A
Ottawa, Ontario K1N 8V3

ISBN 0-920115-02-0

Le Bureau du coordonnateur provincial
des services en français
du gouvernement de l'Ontario
est heureux d'avoir contribué
aux événements qui marquent
le 75e anniversaire de
l'Association
canadienne-française
de l'Ontario

Le ministre responsable
des services en français

Thomas L. Wells

Thomas L. Wells

Le coordonnateur provincial
des services en français

Clément Sauvé

Clément Sauvé

Ontario

HOMMAGES
DES ACFO RÉGIONALES*

À l'occasion de ce recueil, les ACFO régionales suivantes souhaitent s'associer aux célébrations du 75e anniversaire, en transmettant à leur association provinciale tous leurs hommages pour ces soixante-quinze années d'engagement au service de la communauté française de l'Ontario :

ACFO/Cochrane-Iroquois Falls

ACFO/Hamilton

ACFO/Huronie

ACFO/Mille-Iles

ACFO/Niagara

ACFO/Nipissing

ACFO/Nord-Ouest (AFNOO)

ACFO/Oshawa-Peterborough

ACFO/Prescott-Russell

ACFO/Renfrew

ACFO/Stormont-Glengarry

ACFO/Sudbury

ACFO/Temiskaming

ACFO/Timmins

ACFO/Toronto

ACFO/Windsor-Essex

* Les régionales qui figurent ci-dessus ont appuyé la production de ce projet.

HOMMAGES
DES ASSOCIATIONS*

À l'occasion de ce recueil, les associations suivantes souhaitent s'associer aux célébrations du 75ᵉ anniversaire, en transmettant à l'association porte-parole des Franco-Ontarien(ne)s tous leurs hommages pour ces soixante-quinze années d'engagement au service de la communauté française de l'Ontario :

Association des fermières de l'Ontario (AFO)
Association des surintendants franco-ontariens (ASFO)
Conseil de vie française en Amérique
Direction-Jeunesse
Editions l'Interligne
Fédération des aînés franco-ontariens (FAFO)
Fédération des associations de parents et instituteurs de langue française de l'Ontario (FAPI)
Fédération des caisses populaires de l'Ontario

Fédération des clubs sociaux franco-ontariens (FCSFO)
Fédération des élèves du secondaire franco-ontarien (FESFO)
Fédération des guides franco-ontariennes
Fédération des sociétés St-Jean Baptiste de l'Ontario
Secrétariat permanent des peuples francophones
Théâtre-Action
Union des cultivateurs franco-ontariens (UCFO)
Union culturelle des Franco-Ontariennes (UCFO)

* Les associations qui figurent ci-dessus ont appuyé la production de ce projet.

Table des matières

Présidents de
l'Association canadienne française de l'Ontario
(1910-1985)

1910-1912	L'honorable Napoléon-Antoine Belcourt
1912-1914	Charles-Siméon-Omer Boudreau
1914-1915	Alphonse Télesphore Charron
1915-1919	L'honorable Philippe Landry
1919-1932	L'honorable Napoléon-Antoine Belcourt
1932-1933	Samuel Genest
1933-1934	Le chanoine Léon-Calixte Raymond
1934-1938	Dr Paul-Emile Rochon
1938-1944	Adélard Chartrand
1944-1953	Ernest Desormeaux
1953-1959	Me Gaston Vincent
1959-1963	Aimé Arvisais
1963-1971	Me Roger N. Séguin
1971-1972	Me Ryan Paquette
1972-1974	Omer Deslauriers
1974-1976	Jean-Louis Bourdeau
-1976-1978	- Gisèle Richer
-1978-1980	- Jeannine Séguin
1980-1982	Yves St-Denis
1982-1984	André Cloutier
1984-	Serge Plouffe

Introduction

Trois quarts de siècle se sont écoulés depuis la tenue d'un congrès national des Canadiens français de l'Ontario, en janvier 1910, et la fondation de l'Association canadienne-française d'Éducation de l'Ontario (ACFEO), devenue l'Association canadienne-française de l'Ontario (ACFO), en 1968. Le présent ouvrage veut souligner le 75e anniversaire de l'ACFO en rassemblant des textes qui, pour ainsi dire, ponctuent le développement du fait français en Ontario, de 1910 à 1985. On y retrouve surtout des discours prononcés par d'anciens présidents, vice-présidents et secrétaires de l'organisme. S'ajoutent quelques rapports, mémoires ou articles publiés au fil des ans.

Le choix des textes n'a pas été facile; aussi ne prétend-il pas être exhaustif, bien qu'il cherche à être représentatif de certaines époques. Des moments privilégiés ont été retenus et divers écrits viennent y faire écho. Il en est ainsi pour la fondation de l'ACFEO, la résistance au Règlement XVII et l'essor scolaire des années 1940 et 1950. À d'autres moments, les textes illustrent plutôt le sentiment général qui anime tantôt les Franco-Ontariens, que ce soit celui de la fierté canadienne-française ou de l'engagement ontarois.

D'une décennie à l'autre, des mots d'ordre, des cris de ralliements et des paroles encourageantes tombent de la bouche d'une kyrielle de chefs de file, laïcs et religieux. Tous s'adressent énergiquement à une communauté d'expression française répartie aux quatre coins de l'Ontario; tous sont fiers de la servir au meilleur de leurs connaissances et, au besoin, de guider ses pas sur les sentiers parfois cahoteux de la francophonie ontarienne.

Mais que de discours! au Monument national d'Ottawa, au Congrès de la langue française au Canada, à l'Université d'Ottawa, au congrès de Sudbury, dans les journaux d'Ottawa et de Windsor. À travers toutes ces phrases, souvent lapidaires, se dégage-t-il au moins une constante? Ou est-ce qu'il s'agit tout simplement d'une série d'allocutions, voire de dictées circonstancielles? À y regarder de près, ne pourrait-on pas plutôt distinguer **un** discours proprement franco-ontarien? Si oui, quelles en sont les principales caractéristiques?

Il est vrai que la cohérence des discours franco-ontariens tient parfois de la situation dans laquelle se retrouve la collectivité francophone, à première vue du moins. Tel est le cas lorsqu'il importe de se rallier et de se concerter, en 1910 avec un Belcourt à la tête, puis en 1919 avec un Latulipe aux aguêts. Tel est aussi le cas quand tous et chacun sont appelés par Philippe Landry ou Samuel Genest à lutter avec acharnement, de 1912 à 1927. Et il en va de même à d'autres moments de l'histoire franco-ontarienne, notamment lors du développement des infrastructures scolaires (Louis Charbonneau), sociales (Victor Barrette) et économiques (Roger N. Séguin) au milieu du siècle, ou encore lors des revendications plus contemporaines, toujours en matière d'éducation, sous un Omer Deslauriers ou une Jeannine Séguin.

Mais le discours franco-ontarien renferme aussi une cohérence dans son ensemble. Pour qui regarde globalement les interventions des chefs de file, pour qui lit tour à tour leurs appels et leurs messages, une constante s'élève et retentit comme un écho, dans la vallée de l'Outaouais avec Jules Tremblay, sur les rives des Grands-Lacs avec Gustave Lacasse, ou aux abords des forêts du Nouvel-Ontario avec Raoul Hurtubise.

Cet écho est simple; c'est celui de la Foi catholique et de la civilisation française. Le cri est clair et percutant: rallions-nous pour préserver notre langue, gardienne de la foi; rallions-nous en tant que fiers descendants de la fille aînée de l'Église. Un corollaire s'y greffe: que cessent nos luttes fratricides, nos divisions mesquines.

La devise de l'ACFEO traduit d'ailleurs l'idéal à atteindre: "garder le dépôt". Et le nouveau leitmotiv de l'ACFO s'inscrit dans une même perspective: "nous sommes, nous serons".

Le Credo d'une race

Le président du congrès des Canadiens français tenu au Monument national d'Ottawa, les 18, 19 et 20 janvier 1910, donne le ton dès les premières assises. Le juge Albert Constantineau affirme qu'il est nécessaire "que la race canadienne-française s'attache inviolablement, sans défection et sans défaillance, à sa foi religieuse, à son Credo, qui a retenti sur les rives du Saint-Laurent, et s'est répercuté jusqu'aux grands lacs et aux immenses steppes du Nord-Ouest". Puis il ajoute que cette même race canadienne-française doit demeurer "fidèle à ses traditions ancestrales, faites de franchise et d'héroïsme, doublées de patriotisme et de grandeur d'âme...".

Son collègue, le sénateur Napoléon-Antoine Belcourt, croit opportun de nuancer ce même credo en précisant que "les questions religieuses ne sont pas de notre compétence et ne sauraient faire partie de nos attributions". Cela relève du clergé et sa pleine coopération n'est motivée que par un intérêt commun et un attachement profond envers la langue française. Le premier président de l'ACFEO préfère accorder son attention à des questions plus fondamentales, notamment à la reconnaissance d'un système scolaire capable de fournir à tout Canadien français "les moyens les plus propres à produire son entier développement intellectuel et moral". Or, c'est par la langue maternelle, conclut le sénateur Belcourt, qu'on arrive plus directement et plus sûrement à l'intelligence et au coeur de tout homme.

De façon implicite ou non, le thème de la langue gardienne de la foi sous-tend plus d'un discours franco-ontarien, que ce soit au cours du premier, du second ou du troisième quart de siècle de l'ACFO. L'emphase sur l'une ou l'autre se déplacera parfois, selon le genre de crises ou d'impasses, mais le double objectif demeurera toujours. La question des octrois aux écoles séparées, en 1914 comme en 1984, en témoigne largement.

Si certains progrès font oublier l'impératif de la pensée catholique et française, ou incitent à se reposer sur ses lauriers, il se trouve certains chefs de file pour revenir à la charge. C'est notamment le cas de Victor Barrette, éminent journaliste du *Droit*, qui publie un livret intitulé "Moi, Franco-Ontarien - mes droits, mes devoirs". Il s'agit là d'un véritable vade-mecum pour la jeunesse canadienne-française d'Ontario. Le directeur de la page des jeunes, mieux connu sous le nom d'Oncle Jean, fouette le nationalisme et le patriotisme de ses lecteurs. "Nous sommes chargés de maintenir sur ce continent le flambeau de la culture et de la civilisation françaises. Manquer à cette mission serait pour notre peuple la cause de sa déchéance et de sa perte." Victor Barrette estime qu'il est de son devoir de nous rappeler le destin de la race canadienne-française, soit celui de "faire triompher la civilisation chrétienne héritée d'ancêtres dont nous n'avons qu'à rester dignes pour que nous demeurions, au Canada et en cette province, des citoyens modèles et fiers".

Une douzaine d'années plus tard, le président de l'Association d'Éducation tient un semblable discours, en s'excusant presque de ressasser une idée que certains pourraient juger un peu trop conservatrice. "Loin de nous la pensée d'affirmer que la foi est essentiellement liée à une langue quelconque, mais, soutient Aimé Arvisais, nous sommes convaincus que pour notre peuple il y a, entre la langue et la foi, un lien moral ou lien de protection." S'adressant aux convives réunis pour célébrer le cinquantième anniversaire de l'ACFEO, le président précise que son Association travaille dans une parfaite union de pensée et d'esprit pour le plus grand bien de l'Église et de la patrie, afin de *garder le dépôt*.

L'union fait la force

Pour garder le dépôt, il importe de rester unis. Les divisions mesquines minent toute chance de réussir: les luttes fratricides sabotent toute poursuite d'un idéal commun. Aussi, les chefs de file exploitent-ils ce thème qui revient sans cesse dans le discours franco-ontarien: l'union fait la force. C'est sans doute Mgr Élie-Anicet Latulipe qui, en digne pasteur, incite le plus vigoureusement ses brebis à serrer les rangs. "Restons unis pour demeurer ce que nous sommes, catholiques et canadiens: catholiques jusqu'aux plus intimes fibres de notre âme afin d'être patriotes jusqu'aux dernières limites du dévouement et du sacrifice."

L'évêque de Haileybury ne prêche cependant pas une union aveugle. Il sait que les Ontariens ne pourront jamais s'entendre sur une foule de points. Aussi propose-t-il à ses auditeurs d'être unis pour la fin, mais séparés dans les moyens d'atteindre celle-ci; "unis pour demander nos droits scolaires, séparés dans nos écoles".

Le chef spirituel des Franco-Ontariens pousse l'union à un autre niveau encore lorsqu'il affirme qu'il faut rester unis pour accomplir toujours et partout notre devoir, "pour donner à la couronne impériale notre allégeance et notre loyauté dans la mesure qu'on a le droit de demander, mais pour donner aussi à la patrie canadienne le meilleur de notre patriotisme et de notre amour."

De tels propos sur l'union entre Francophones et Anglophones s'apparentent largement à ceux prononcés par le juge Constantineau, en 1910, alors qu'il affirme que la race canadienne-française doit fraterniser avec les vainqueurs, "devenus des amis et des frères", et se coaliser en faisceau pour la défense de ses droits et de ses légitimes revendications. Il en va souvent de même dans les discours conciliateurs du sénateur Belcourt, père de la Unity League. Dès la fondation de l'ACFEO, il se dit convaincu que "la majorité de nos compatriotes de langue anglaise ne désire pas l'oubli, la méconnaissance ou la disparition de notre langue maternelle". Le premier président de l'Association d'Éducation demeure convaincu que les concitoyens anglophones aideront à conserver "une si belle partie de l'héritage national".

A d'autres moments de l'histoire franco-ontarienne, les plaidoyers en faveur de l'unité se font plus cinglants, plus lapidaires. Deux éditorialistes y excellent, soit Jules Tremblay et Gustave Lacasse. Le premier est secrétaire général de l'ACFEO en 1911-1912 et le second remplit les fonctions de vice-président pendant nombre d'années. Tremblay déplore que les catholiques soient divisés entre eux, ce que le sénateur Landry regrette aussi en 1915. Mais il dénonce encore plus sévèrement la discorde qui règne chez les Canadiens français: "Quel bien peuvent faire l'Association d'Éducation(...)et toutes les autres sociétés nationales, si la première manoeuvre est de nuire au voisin (...) si l'espionnage est érigé à la hauteur d'un sacerdoce, si la destruction de l'armée se fait même avant le combat!"

Si Jules Tremblay appelle les Franco-Ontariens à l'oeuvre, à l'union et à l'entente, son confrère du Sud-Ouest, Gustave Lacasse, exhorte les siens à se rallier derrière l'Association d'Éducation. Il le fait, en 1947, dans des termes qui rappellent la dualité linguistico-religieuse: "le salut de notre groupe ethnique et religieux dans ce coin isolé d'Ontario réside dans le maintien de nos contacts avec les groupes français et catholiques de l'extérieur, groupes plus forts et mieux organisés que le nôtre". Pour lui, il importe toujours et encore de se rallier autour de la même victorieuse bannière et de s'inspirer de "l'idéal qui souffle dans ses plis".

L'esprit de parti

L'union des forces vives de la francophonie ontarienne est-elle synonyme d'une certaine homogénéité politique. Non, certes, mais la division entre *bleus* et *rouges* sur tout et partout ne saurait favoriser la concertation. C'est du moins ce que pensent le dynamique curé Beausoleil, vice-président du Congrès de 1910, et le fondateur du journal *La Justice*, Jules Tremblay. L'abbé Alexandre Beausoleil estime que l'esprit de parti oblitère complètement l'esprit de clairvoyance des foules. Puis il se demande si un groupe national, minoritaire dans sa province, peut sans danger "se cantonner obstinément dans les lignes des partis politiques adverses, lorsque s'agitent, à la tribune et dans l'arène parlementaire, des questions qui intéressent au plus haut point son existence nationale, sa langue et sa foi religieuse".

Quant à l'intrépide directeur de *La Justice,* il se demande si la conservation de la langue française est si peu importante à nos yeux que nous voulions la sacrifier à notre parti politique, à la satisfaction de nos basses vengeances. Mais Jules Tremblay veut surtout croire que les Canadiens français placent la fierté de leur idiome "plus haut que la guénille rouge ou bleue, plus haut qu'un remuement de fiel".

C'est en se serrant les coudes, c'est en élevant l'idéal au-dessus des lignes de partis, c'est en demeurant fidèles aux traditions ancestrales, en gardant le dépôt, que les Canadiens français de l'Ontario pourront remplir leur mission. À ce prix, la pensée catholique et française aura droit de cité dans la province des Étienne Brûlé, Lamothe Cadillac, de Charbonnel, Bruno Guigues, Noé Timmins et Jean-Marie Nédélec. Le discours franco-ontarien s'applique à le dire et à le redire, dans les assemblées patriotiques comme dans la presse francophone.

Les journaux se taillent de plus en plus une place de choix auprès des Franco-Ontariens. Et la "bonne presse" a son rôle à jouer. Mgr Latulipe affirme d'ailleurs, en 1919, que les Canadiens français de la province d'Ontario ne sauraient se passer de trois choses: "votre église, votre école bilingue et votre journal catholique et français". À l'époque, ces entreprises journalistiques sont essentiellement *Le Devoir*, *Le Droit*, *Le Moniteur*, *La Défense* et *L'Écho du Nord*.

D'autres journaux viendront s'ajouter au fil du temps et tous témoigneront d'une vigoureuse francophonie ontarienne. Car, après les âpres luttes autour du Règlement XVII (langue gardienne de la foi), le plus souvent dans des rassemblements par-delà les lignes de partis (l'union fait la force), les Franco-Ontariens ont enfin droit à plus de justice. S'ouvre dès lors une ère de progrès, à laquelle le discours franco-ontarien fait nécessairement écho.

Les belles années

Au soir de sa vie, Samuel Genest, alors héros d'une fête de reconnaissance, décrit on ne peut mieux le sentiment qui l'anime, lui et tous les chefs de file franco-ontariens. "Oui, quand je partirai, je verserai des larmes de joie en pensant qu'il y aura encore des patriotes pour continuer l'oeuvre commencée." Et ils sont nombreux à poursuivre le travail, forts enfin d'une compréhension des autorités gouvernementales. C'est d'ailleurs un politicien, le député Raoul Hurtubise, qui brosse un tableau des progrès scolaires et communautaires en Ontario français, plus particulièrement dans le Nouvel-Ontario. En dépit de la crise économique, le Dr Hurtubise est loin de désespérer; les maux sont passagers, mais les qualités du Franco-Ontarien sont toujours inébranlables. "Qualités toutes catholiques et françaises qui ont poussé dans le terroir de si profondes racines qu'elles constituent un puissant facteur de permanence et de stabilité." Comme on peut le constater, les nouveaux gains scolaires d'après 1927 n'altèrent point le ton du discours.

Mais c'est Louis Charbonneau, véritable soldat de la francophonie ontarienne, qui peut le mieux faire état des belles années de progrès, scolaire et culturel. Il s'emploie à le faire, de façon magistrale, lors du quarantième anniversaire de l'ACFEO. Et pour mieux illustrer les gains enregistrés, le vice-président de l'Association d'Éducation compare la situation de 1950 à celle de 1910. Chiffres à l'appui, il démontre à quel point la société franco-ontarienne s'est dotée d'institutions vouées à son épanouissement comme à sa sauvegarde. Encore une fois, le ton reste traditionnel. "En travaillant au progrès de l'enseignement bilingue dans les écoles franco-ontariennes, l'Association d'Éducation fait une oeuvre doublement patriotique; elle travaille au maintien de l'héritage culturel catholique et français en terre d'Amérique et elle contribue à fournir des citoyens utiles à la confédération canadienne."

Constantineau, Belcourt et Barrette se sont exprimés dans des termes forts similaires quelques décennies plus tôt, alors que la situation ne se prêtait pourtant pas à une trop grande espérance. Quoiqu'il en soit, dix ans plus tard, lors des célébrations du deuxième quart de siècle de l'ACFEO, Aimé Arvisais reprend un discours semblable pour souligner que l'Association "continuera de se tenir sur la première ligne afin de garder aux Franco-Ontariens leur richesse catholique et française". Et c'est cette richesse, ce dépôt, que les chefs de file laïcs et religieux tentent de maintenir au cours des années 1960, alors que s'engage le débat sur l'école secondaire française. Un débat qui ne pourra pas faire l'unanimité des forces vives de la francophonie ontarienne.

Si la langue l'a en quelque sorte emporté sur la religion, si l'école secondaire française devient publique plutôt que confessionnelle, il faut néanmoins présenter un visage solidaire. L'union fait la force. Aussi le président de l'ACFEO enjoint-il les délégués réunis au congrès d'avril 1968 de s'unir une fois de plus sous la bannière de leur Association. "Il est vrai que nous oeuvrons dans des secteurs diversifiés de la vie française en Ontario, mais ce soir, au dire de Me Roger N. Séguin, nous voulons resserrer les rangs, nous partageons la même table pour partager davantage les mêmes idées, la même action." Me Séguin conclut sur un ton qu'il veut progressif lorsqu'il parle de garder un dépôt "que l'on sait faire fructifier". C'est déjà un appel à l'engagement.

L'identité française

Et cet engagement sera nécessaire puisque le dépôt ne pourra fructifier qu'au prix d'une série de crises scolaires. Que ce soit à Sturgeon Falls ou à Cornwall, à Elliot Lake ou à Mississauga, à

Windsor-Essex ou, plus tard, à Penetanguishene, une lutte s'engage au nom d'un vouloir vivre collectif. C'est l'identité française que l'on défend, au risque de se retrouver dans une impasse qui embête les autorités gouvernementales, au risque de plonger dans un imbroglio qui ébranle parfois la communauté locale. On ne parle plus de survivance et de langue gardienne de la foi. On lance de nouveaux slogans et on parle de pouvoir, de "Frog Power". Mais le discours a-t-il pour autant changé?

Au cours de l'année 1973, l'Ontario français connaît plusieurs crises scolaires qui, au dire d'Omer Deslauriers, "ont toutes fait avancer la reconnaissance de nos droits". Incidemment, une conclusion semblable avait été tirée trente-cinq ans plus tôt par le député Raoul Hurtubise lorsqu'il affirmait que, "grâce à la persécution, nous avons fait plus de progrès, comme race, de 1910 à 1939, que nous n'en avions fait de 1850 à 1910". D'une époque à l'autre, l'ACFO poursuit donc sa lutte, cherchant à devenir une voix unifiante, à susciter l'unité d'action.

À plus d'une reprise, Omer Deslauriers parle de l'identité des Franco-Ontariens, de "l'identité culturelle si importante pour conserver cette qualité de vie dont chaque personne a besoin pour son plein épanouissement". Sur ce point, la jeunesse franco-ontarienne l'émeut, elle qui vit si dangereusement pour la défense de ses droits. D'une région à l'autre, les jeunes démontrent "à la face de l'Ontario, à la face même du Canada, qu'ils tiennent à leur identité et à leur héritage culturels. (...)ils osent revendiquer une qualité de vie qui est la leur de par leur origine et qu'ils veulent maintenir dans cette province".

Identité d'une collectivité qui a parfois du mal à s'unir. Au point où Jeannine Séguin se sent obligée de rappeler, en 1980, les principes de base de 1910. "Si, au sortir de cette assemblée de famille, nous nous sentons plus près les uns des autres, débarrassés de préjugés et de travers qui, en nous divisant, ralentissent notre marche en avant, nous pouvons regarder avec confiance, car les peuples unis ne meurent pas." La présidente de l'ACFO précise, au terme de son mandat, qu'il faut agir en fonction du bien commun de la population franco-ontarienne. "Nous devons profiter de nos assemblées pour refaire notre unité et raffermir notre conviction."

L'union fait la force. Unité d'action. Un cri qui retentit depuis déjà sept décennies. Or, André Cloutier mise sur cette unité pour faire ressortir, une fois de plus, l'identité franco-ontarienne ou, comme il aime à le dire, "l'âme franco-ontarienne". Pour lui, c'est un processus qui remonte loin, qui prolonge ses racines dans le sol français d'Amérique. Aussi le président à plein temps de l'ACFO voit-il le Franco-Ontarien comme un produit de continuité. "Il nous faudra inscrire ce que nous avons été avec ce que nous sommes et y fonder notre continuité de l'avenir." Unité, identité, continuité, tout cela rime bien. André Cloutier y ajoute, en évoquant nos institutions, le mot originalité. Pourrait-on, autrement, parler d'âme franco-ontarienne?

Ainsi, le discours franco-ontarien tient de trois ou quatre ingrédients de base: une identité, tantôt décrite en terme de credo ou de dépôt, tantôt traduite en terme d'âme franco-ontarienne; une unité de corps et d'esprit, que les chefs de file, depuis N.-A. Belcourt jusqu'à Jeannine Séguin, doivent sans cesse susciter chez une communauté si fragile, si isolée, si aisément divisée; et une continuité qui fait essentiellement appel à l'avenir, à la relève dont parlent et Samuel Genest et Omer Deslauriers. L'actuelle devise de l'ACFO résume on ne peut mieux le discours franco-ontarien: *Nous sommes, nous serons.* Le NOUS au présent et à l'avenir.

Voilà ce qui se dégage d'une lecture de quelque vingt textes soigneusement choisis et reproduits ci-après. Les discours, articles et rapports figurent en ordre chronologique; ils sont tous précédés d'une notice biographique et, pour situer le discours dans son contexte, d'une brève note de présentation. Si certains passages ont été supprimés, pour des raisons pratiques, la transcription des textes n'a pas été altérée; aussi notera-t-on diverses façons d'écrire certains mots, notamment le vocable "Canadiens français".

Et maintenant, place aux Constantineau, Belcourt, Beausoleil, Landry, Tremblay, Latulipe, Genest, Hurtubise, Barrette, Lacasse, Charbonneau, Arvisais, Séguin, Deslauriers et Cloutier. Place à un discours solidement ancré dans soixante-quinze ans de leadership franco-ontarien.

Paul-François SYLVESTRE

Le juge Albert Constantineau (1866-1944)

Ce fils de Saint-Eugène-de-Prescott pratique le droit à l'Orignal, où il fonde le journal *L'Interprète*, à Ottawa, à Toronto et à Cornwall. Le 24 janvier 1909, une assemblée fut convoquée au Monument national d'Ottawa en vue d'étudier la possibilité de tenir un congrès des Canadiens français de l'Ontario. Un comité fut formé et le juge Albert Constantineau appelé à présider la Commission constituante qui jeta les bases de l'Association canadienne-française d'Éducation de l'Ontario. "Homme de grande distinction qui possède une authentique dignité, le juge Constantineau est un éminent exemple d'une magistrature dont le Canada est fier à bon droit." (*Montreal Standard*, 17 mai 1930)

Suivent des extraits du discours prononcé par Son Honneur le Juge Albert Constantineau lors de la séance d'ouverture du congrès de fondation de l'ACFEO, le 18 janvier 1910. Dans des termes éloquents mais fermes, il enjoint les 210 000 Canadiens français de l'Ontario à demeurer fidèles aux traditions ancestrales, à conserver leur identité et, surtout, à adhérer sans défaillance à la langue d'une noble race.

15

Mon Dieu et mon droit

(...) Quel est donc, direz-vous, le but général du congrès?... Nous l'avons appelé "Congrès d'Éducation"; c'est juste et c'est vrai. Mais entendez, je vous prie, ce mot *éducation* dans toute son ampleur et son étendue. Il s'agit, sans nul doute, de l'éducation de la jeunesse, de la nôtre à nous. Mais cette éducation ne saurait se limiter à l'entrée et à la sortie de l'école; elle embrasse donc une série de questions multiples qui intéressent notre foi, notre nationalité et notre vie sociale.

Ainsi, il importe de nous consulter sur la publication d'un journal, organe de nos idées, de nos traditions, de nos besoins présents et à venir. On a pensé d'abord à un quotidien; puis, on s'est décidé à une publication hebdomadaire, contenant une revue impartiale et intelligente des questions d'intérêt public. On vous en donnera les motifs, et vous aurez à vous prononcer sur l'opportunité de ce journal.

Une autre question, palpitante d'intérêt, est celle des chantiers. Pour un grand nombre des nôtres, le chantier est une véritable passion: héritage, sans doute, des ancêtres, intrépides explorateurs des bois, des lacs et des rivières. C'est le souvenir lointain des excursions de Louis Joliet, de Lemoyne d'Iberville, de Juchereau de Saint-Denis, de La Salle, de Lamothe de Cadillac. Il conviendrait d'endiguer ce flot, d'amener les esprits vers la colonisation, la fondation d'un foyer domestique, et de leur offrir, dans tous les cas nécessaires, un refuge à Ottawa, qui les sauvegarde contre le gaspillage de leur argent et l'abus des boissons.

L'abus des boissons! C'est une autre plaie du peuple canadien. Qu'elle ronge et dévore d'autres nationalités, il n'importe pour le moment; mais il serait urgent que laïques et prêtres unissent leurs efforts pour maintenir et étendre davantage les bienfaits de la tempérance. Dans ce dessein, il faut la prêcher dans les familles, à l'école, dans les cercles de jeunesse, dans les sociétés de bienfaisance, et même établir des sociétés régionales de tempérance totale ou restreinte.

Toutefois, la question qui prime, pour nous, toutes les autres, c'est celle de l'éducation de nos enfants.

Il se pourrait que, dans le passé, le reproche de manque d'instruction, à l'école primaire, de notre jeunesse des campagnes, ait trouvé une apparence de fondement. Ce reproche s'étend à bien d'autres nations de la vieille Europe, avant la fin du dernier siècle. Ici, comme là-bas, il s'est heureusement produit de profondes modifications. Et nous sommes précisément assemblés pour promouvoir des améliorations nouvelles.

La culture intellectuelle, morale, religieuse est la base même de notre crédit et de notre prestige dans un avenir prochain. Comme le disait quelqu'un: "Une nation se juge par la puissance de son intelligence et la force de son caractère." Rappelons-nous toujours que les enfants d'aujourd'hui seront les hommes de demain.

Merveilleusement dotée du côté de l'esprit, la nation canadienne-française est conviée, de toutes parts, à perpétuer la mission des ancêtres. Dans ce dessein, il faut à l'enfance une formation pratique, proportionnée à ses besoins, apte à l'outiller pour les vicissitudes de la vie, à lui conférer la mentalité qui lui soit propre et personnelle.

Dans un pays où presque un tiers de la population parle le français, un homme qui fait usage de deux langues aura toujours la prééminence. Industrie, commerce, magasins et banques font appel aux nôtres justement pour cette raison. Dès lors, pouvons-nous, en conscience, négliger l'étude et la culture de notre langue maternelle, et rendre inférieure la génération future? Ce serait un crime impardonnable. Apprenons l'anglais, mais ne négligeons pas notre langue.

D'ailleurs, ne voit-on pas plusieurs ministres, des juges, de hauts fonctionnaires publics, souvent à un âge avancé, se mettre à l'étude du français, avec l'aide de précepteurs privés, en vue de remplir consciencieusement leurs devoirs? Ils ont compris enfin que leur formation universitaire comportait cette lacune.

En effet, dans les universités anglaises du pays, les programmes considèrent le français comme langue secondaire, à l'égal de l'allemand ou de toute autre idiome. Est-ce acceptable vraiment? Est-ce qu'une langue comme le français, qui est parlée par 2,000,000 d'habitants, une langue constitutionnellement regardée comme officielle, devrait se voir reléguée au second rang, ne méritant qu'une place facultative dans l'enseignement supérieur? Nous ne le croyons pas; ce n'est pas même rendre justice à ceux de leurs élèves qui sont destinés à occuper, plus tard, de hautes fonctions publiques ou à tenir un haut rang dans le commerce, l'industrie ou la finance en leur pays.

Peut-on oublier que la langue française est la langue diplomatique de l'univers entier?... Il y a quelques années, l'un de nos ministres fédéraux anglais représentait le Canada au Congrès d'agriculture tenu à Rome. M. Fisher fut élu vice-président, de préférence aux représentants de l'Angleterre et des Etats-Unis. Pour quelle raison? Parce qu'il parlait le français.

D'ailleurs, il est incontestable que l'Europe tourne les yeux vers le Canada, dont les ressources étonnent et captivent, dont l'avenir est brillant des plus séduisantes espérances. Relations commerciales, relations artistiques, sociales, industrielles, diplomatiques, tout nous contraint à sauvegarder l'usage et la culture de notre langue, en raison du contact avec le vieux monde.

Au reste, ce n'est pas un crime de parler deux langues, puisque le gouvernement anglais vient de permettre l'usage officiel et constitutionnel des langues anglaise et hollandaise, dans la confédération sud-africaine.

Souvenons-nous aussi du langage de Lord Grey, notre gouverneur général. Il a dit, il y a à peine quelques semaines, à ses compatriotes anglais: "Apprenez le français en même temps que l'anglais; car cette langue vous sera utile dans ce pays." Ce conseil, tombé de haut, nous concerne et nous oblige deux fois plus que n'importe quelle fraction de la Puissance.

Mais je m'aperçois que j'ai apporté assez d'arguments à l'appui de notre cause. Votre conviction est faite, et notre résolution est prise définitivement. Oui, si l'étranger apprend la belle, l'élégante, la riche, l'harmonieuse langue qui est la nôtre, comment pouvoir nous en désintéresser et la sacrifier? La sacrifier, non jamais! Comme les vaillants Acadiens ont su sauvegarder la leur, en la maintenant seulement au foyer domestique, ainsi nous la ferons fleurir sous le toit paternel, nous l'enseignerons dans les écoles primaires, nous la ferons étudier dans les établissements d'enseignement secondaire et supérieur. C'est un adage universellement admis et proclamé: "Quiconque tient à sa langue, sauvegarde la foi dont elle est l'organe!" Et c'est justice, après tout. En Autriche, il y a sept idiomes différents; en Belgique, deux, en Suède, deux; dans le Sud-Africain, deux et même en Angleterre, trois. En quoi sommes-nous rebelles ou déloyaux en maintenant notre langue, en nous concertant, dans ce Congrès, pour sa culture et sa diffusion. Il n'y a pas de droit contre la liberté, de puissance coercitive contre la nature, contre l'origine, contre les traditions de tout un peuple qui prétend vivre et refuser toujours de voir périr sa langue.

C'est un trésor et un héritage qu'il n'est permis à personne de lui ravir.

Aussi bien, il y a lieu de s'étonner qu'on ait songé à nous contester le droit de nous réunir en Congrès. Il n'y a ici, de notre part, ni menaces aux institutions de la province, ni insulte aux autres nationalités, ni provocation contre les partis politiques au pouvoir. Libéraux et conservateurs, inscrits au personnel du Comité, se sont tendu la main dans l'unique dessein d'améliorer notre situation sociale, économique, scolaire et nationale. Nous usons d'un droit, commun à tous; et nous prétendons nous en servir à ciel ouvert, sans arrière-pensée.

Naturellement, le clergé a embrassé notre cause. N'est-ce pas lui qui a fait en grande partie, notre nation ce qu'elle est aujourd'hui? Avec lui, nous avons une oeuvre de paix et d'union. Loin de nous l'idée de discordes ou de discussions religieuses, l'esprit de secte ou de combativité! Les dissidents, les diverses sectes se coudoient et s'assemblent et ont leurs conventions publiques dans l'Ontario. Il serait naïf et ridicule de nous contraindre aux catacombes, nous qui avons jalonné de cadavres et d'ossements la surface de la colonie, de Québec à l'Océan Pacifique. Nous n'avons pas à nous défendre d'agir en pleine lumière, encore moins à rougir de nos convictions et projets nationaux. Le drapeau de la fière Albion flotte sur nos têtes; nous avons le droit de nous abriter sous les plis de son honneur, de sa liberté et de son Dieu. C'est à nous la devise normande: "Mon Dieu et mon droit!".

Inséparablement attachés à la foi de nos pères, nous demeurons les sujets féaux et loyaux de la couronne britannique. On le sait; et nous ferions injure à nos compatriotes anglais si nous tentions de les convaincre plus que de raison. On ne prouve pas une vérité évidente et qui s'impose. Notre souverain Edouard VII, en est persuadé personnellement. L'automne dernier, il l'a manifesté aux Pères du Concile de Québec. Il sait que pour nous, Canadiens catholiques, la maxime est sacrée: "Obéir à l'Etat, c'est obéir à Dieu."

Je me complais donc à redire devant vous: Oui, notre patrie est le Canada, terre de nos aïeux, conquête de leur sang, de leur héroïsme, de leurs vertus, je dirai même de leur martyre!

Nous sommes, aujourd'hui, deux millions de Canadiens, dont 210,000 dans l'Ontario. Le sol, nous l'avons défriché; la forêt, nous l'avons abattue; les routes, nous les avons tracées. Ailleurs, il y a des héros. Nous avons les nôtres qui les égalent, qui les surpassent peut-être, soit qu'ils aient franchi les frontières des États-Unis, soit qu'ils aient trouvé une tombe sur la terre natale.

Il est temps de conclure.

Notre nom, à nous, est synonyme de loyauté, d'honneur et de gloire.

Dès l'année 1776, le général Murray, homme probe et guerrier clairvoyant, proclamait nos qualités natives quand il s'écriait: "Si jamais ce peuple venait à émigrer, ce serait une perte irréparable." Il avait raison. Nous n'avons pas tous émigré et nous sommes ici comme peuple et nation!

Lord Dufferin disait, plus tard, ces paroles historiques: "Mon plus ardent désir, pour cette province de Québec, a toujours été de voir sa population française jouer, au Canada, le rôle si admirablement rempli par la France en Europe." Nous voulons présentement répondre à ce voeu, accomplir cette prophétie.

Le voulons-nous en vérité?

Alors, il est urgent que la race canadienne-française conserve son identité, ses qualités originelles et ses traits de caractère indélébiles, tout en travaillant, de concert avec les autres races, à la formation d'une grande et puissante nation canadienne.

Alors, il est nécessaire que la race canadienne-française s'attache inviolablement, sans défection et sans défaillance, à sa foi religieuse, à son Credo, qui a retenti sur les rives du St-Laurent, et s'est répercuté jusqu'aux grands lacs et aux immenses steppes du Nord-Ouest.

Alors, il est urgent que la race canadienne-française adhère à sa langue, à sa belle et harmonieuse langue, encore une fois; admirable instrument de la netteté et de l'éclat de sa pensée, de son jugement sain, de sa pétulance d'esprit, de sa délicatesse d'imagination, de son exquise sensibilité, de la clarté et de la force de son raisonnement.

Alors, il est nécessaire que la race canadienne-française demeure fidèle à ses traditions ancestrales, faites de franchise et d'héroïsme, doublées de patriotisme et de grandeur d'âme, de dévouement et de sacrifices, d'attachement au Roi et à Dieu, les deux autorités qui ont la prééminence, qui appellent la dépendance qui honore, la soumission qui rehausse et glorifie.

Alors, il est urgent et nécessaire que la race canadienne-française, fraternisant avec les vainqueurs, devenus des amis et des frères, dans ce pays où collaborent les diverses races de l'univers, sans distinction d'adoption politique, se coalise en faisceau, pour la défense de ses droits, de ses légitimes revendications, pour le maintien de son passé glorieux, de son action civilisatrice sur le monde, de ses espérances invincibles sur son avenir qui ne sera pas indigne de son histoire.

Alors, il est urgent et nécessaire que la race canadienne-française accomplisse, jusqu'à l'heure dernière, sa mission providentielle de misères et de combats d'abord, d'accroissement et de vitalité ensuite, de développement, d'évangélisation, de succès et de prospérité finalement.

Alors, un tel peuple, dans l'agrandissement et la cohésion manifestera au monde qu'il est digne de vivre, de souffrir, et qu'il ne méritait pas de mourir!... Il restera fidèle à la vieille devise de Québec, son berceau: *Natura fortis, industria crescit*; nature d'acier, il s'est fortifié par son talent et son industrie!

Albert CONSTANTINEAU

Congrès d'éducation des Canadiens-français d'Ontario, Rapport officiel des séances tenues à Ottawa, du 18 au 20 janvier 1910, Association canadienne-française d'Éducation, 1910.

L'honorable Napoléon-Antoine Belcourt
(1860-1932)

Député fédéral, président de la Chambre des Communes, membre du sénat, Napoléon-Antoine Belcourt fut le premier président de l'ACFEO, puis de nouveau chef de la résistance, de 1919 à 1932. Ce distingué sénateur travailla avec ténacité à l'organisation de la Unity League afin de faire comprendre aux Canadiens de langue anglaise le sens et la justesse des revendications franco-ontariennes en matière d'éducation. Au moment de sa mort, *Le Droit* écrivait: "Père de cette Association qui a tant accompli pour l'avancement et la défense de nos droits dans l'Ontario, l'honorable Belcourt est resté l'apôtre infatigable de l'irrédentisme français dans sa province" (8 août 1932).

Le texte ci-après est le discours prononcé par le sénateur Belcourt, le 19 janvier 1910. Il explique clairement aux fondateurs de l'ACFEO ce que la nouvelle association doit et ne doit pas être, en matière de langue comme de religion. Aux yeux de celui qui en assume la paternité, le nouveau-né doit faire oeuvre d'instruction, d'enseignement et d'éducation, visant à "apprendre à l'homme à s'élever lorsque d'autres auront cessé de l'élever".

L'éducation dans son sens le plus large

(...) Quel est donc le but que ce Congrès se propose d'atteindre? Il est utile, nécessaire même d'en définir au moins les grandes lignes, d'abord pour bien déterminer notre propre conduite et en fixer les limites, et puis pour éviter tout malentendu et toute méprise au dehors.

L'éducation dans son sens le plus large et avec toutes ses ramifications, voilà le but principal, la préoccupation majeure de ce Congrès. Et par Éducation, il faut entendre le mot dans son sens réel, c'est-à-dire comme l'ensemble du développement physique, moral et intellectuel de l'homme. Avec un profond respect des droits des autres, repoussant toute idée d'envahissement ou d'accaparement, désirant se restreindre à la seule sphère d'action qui leur est propre, en usant seulement et au grand jour des moyens d'action que leur position, dans cette province et dans la confédération, leur suggère et leur permet, ainsi que de leurs droits comme citoyens et sujets britanniques, avec le désir et la volonté de remplir tout simplement leur devoir et leurs obligations envers eux-mêmes, la famille et la société, les Canadiens-français d'Ontario ont cru qu'ils pourraient et devaient contribuer à l'amélioration de leurs compatriotes, en ce qui concerne leur condition physique, morale et intellectuelle.

Il faut bien l'admettre, l'éducation domestique, scolaire et classique, parmi les Canadiens-français de cette province, n'est pas ce qu'elle devrait être. Il serait trop long, et peut-être inutile, de préciser les causes de cet état de choses. Il suffira de mentionner les principales lacunes dont nous souffrons, et d'indiquer les réformes à préconiser et obtenir.

Ce sera là le premier soin et le but principal de ce Congrès.

Nous travaillerons à apporter une amélioration dans les moyens employés pour la formation physique, morale et intellectuelle de nos enfants, en tenant compte de la mentalité, des aptitudes et du tempérament, comme des aspirations de nos compatriotes. Pour préciser quelque peu, nous tâcherons de perfectionner le développement physique, en encourageant les exercices du corps, en répandant la connaissance et en aidant à la meilleure observance des lois de l'hygiène et de la santé publique; nous essaierons à étendre les moyens d'activer, d'affermir et de préserver le sentiment moral; à

24

l'intelligence nous tâcherons d'offrir un champ élargi d'activité et les moyens d'un plus grand et plus substantiel développement, embrassant dans nos efforts et la famille, et l'école, et le collège. Puis, nous inspirant de la définition de l'éducation donnée par Guizot: "Apprendre à l'homme à s'élever lorsque d'autres ont cessé de l'élever", notre sollicitude et notre activité se reporteront aussi au delà du cercle que je viens de tracer, comme je l'indiquerai dans l'instant.

En vertu de la loi naturelle, les parents ont l'obligation d'élever et d'instruire leurs enfants; en vertu des lois qui régissent toutes les sociétés civilisées, celles-ci ont le devoir de fournir à leurs sujets les moyens de se procurer l'éducation et l'enseignement.

Je me hâte de proclamer que dans la province que nous avons l'avantage d'habiter, nos gouvernants se sont toujours montrés parfaitement pénétrés de ce devoir social, et qu'ils ont apporté à son accomplissement une constante sollicitude et des efforts toujours persévérants. Et on doit, en toute justice, reconnaître que l'oeuvre de l'enseignement dans l'Ontario n'a été surpassée sur aucun coin du globe terrestre. La grande majorité de nos concitoyens dans cette province, ceux dont la langue maternelle est la langue anglaise, jouissent de tous les avantages connus en matière d'enseignement.

Et j'ajoute que si ceux dont la langue maternelle est le français sont moins bien partagés sous ce rapport, celà est dû surtout aux conditions nouvelles qui ont surgi ici, grâce à la migration des Canadiens-français de la province de Québec dans notre province et à leur augmentation rapide et sans cesse croissante, conditions qui ont fait naître le besoin de chercher des méthodes différentes d'enseignement.

Outre les différences de langue et de foi religieuse, il est évident que la mentalité, le tempérament, les aptitudes, les tendances et les goûts intellectuels des deux grandes races qui habitent le Canada ne sont pas et ne seront probablement jamais en tous points semblables; de là la nécessité d'employer pour l'une une méthode d'enseignement qui ne répond pas aux besoins et aux désirs de l'autre. Chacune exige, pour son plein développement éducationnel, une méthode et des moyens en plusieurs points différents.

On ne saurait résoudre le problème en appliquant la règle qui veut que la majorité gouverne. Cette règle, assez juste d'ailleurs en matières civiles, devient tout-à-fait inacceptable quand il s'agit des choses de l'intelligence et de la conscience. Il y a bien longtemps d'ailleurs que ce principe a été reconnu et appliqué dans l'enseignement en cette province, par la création et le maintien, sous l'autorité et avec la sanction de la loi et avec l'assistance du trésor public, d'écoles séparées, tant pour les catholiques que pour les protestants et même pour la race noire.

Tel est le principe universellement reconnu et appliqué. Quel est le devoir qui en découle naturellement et nécessairement pour l'État, gardien des intérêts des individus comme de ceux de la collectivité sociale? Le devoir de veiller à ce que l'enfant soit instruit selon ses goûts et ses aptitudes, c'est-à-dire selon son désir, s'il est capable d'un acte de volonté complet, selon les désirs des parents si l'enfant est incapable de se conduire et de décider lui-même.

L'établissement et le maintien d'écoles particulières ou spéciales, telles que les écoles agricoles, industrielles ou techniques par l'État avec les deniers publics, constituent également une consécration solennelle du même principe; il en est de même en ce qui concerne la création d'établissements d'enseignement supérieur et des Universités, ainsi que de l'assistance pécuniaire que l'État leur accorde.

C'est la reconnaissance de ce principe qui a inspiré et fait reconnaître par l'autorité gouvernementale, sinon d'une manière officielle, au moins virtuellement, l'établissement d'écoles ou classes bilingues dans certaines parties de l'Ontario. Ceux qui administrent le département de l'éducation de cette province ont compris que, pour développer pleinement les qualités intellectuelles et morales de la jeunesse canadienne-française, et pour permettre à celle-ci de donner toute la mesure de sa capacité, et de produire pour les individus et pour la société la plus grande somme de bonheur et de bien-être, il était du devoir de l'État d'établir l'école ou la classe bilingue.

Les Canadiens-français d'Ontario sont reconnaissants de ce qui a été fait en ce sens, mais ils désirent davantage; ils veulent la reconnaissance explicite et officielle de l'école ou classe bilingue, et qu'on la mette en état d'assurer l'enseignement efficace dans les deux langues et dans les différents cours, tant pour l'éducation scolaire que pour l'entraînement pédagogique.

Certaines modifications au programme scolaire ont été proposées, certaines demandes ont été soumises au Département de l'Éducation par quelques-uns de nos compatriotes dans cette province. Quelques-unes ont été accordées, mais la plupart sont encore à l'étude. On a répondu, et il faut bien l'admettre avec plus ou moins de raisons, que ces demandes, ces modifications provenant de différents groupes, éloignés par de longues distances, n'ayant pas eu l'avantage de se consulter, manquaient d'harmonie et de précision. On a donné à entendre aux Canadiens-français de l'Ontario que toute demande, que toute proposition de modification provenant de la minorité française et étant l'expression d'un désir général de leur part, et tendant en même temps à améliorer et à répandre l'éducation et l'enseignement parmi nous, serait mise à l'étude et recevrait la considération sympathique de l'autorité éducationnelle. Cette autorité exige naturellement que ces demandes, ces propositions soient claires, précises et empreintes de cette harmonie nécessaire au bon fonctionnement de tout système.

Les intitiateurs du Congrès d'éducation des Canadiens-français d'Ontario, convaincus de la légitimité des réclamations qu'ils entendent faire valoir, ayant pleine confiance dans l'esprit de justice de leurs concitoyens de langue anglaise, sachant que c'est le désir et la volonté de nos gouvernants de promouvoir l'amélioration et l'avancement de tous les éléments confiés à leur administration, et par là de contribuer au bien-être et à la prospérité de la province, ont cru que le temps était arrivé de réunir tous les groupes canadiens-français de l'Ontario pour se consulter, discuter, adopter et formuler clairement et ouvertement les modifications qui leur paraissent nécessaires ou utiles, dans la préparation et l'application des lois et des règlements scolaires de cette province. Telle est l'idée principale qui a motivé ce Congrès, telles sont les intentions qui ont animé ceux qui vous ont fait appel, tel est leur but, et, j'en suis certain, tel est votre but également. Indiquer les lacunes de notre système scolaire et les réformes à y apporter, ainsi que préciser les demandes qui nous paraissent justes et nécessaires pour le rendre conforme à nos désirs et à nos aptitudes, plus particulièrement en ce qui concerne l'éducation et l'enseignement dans les deux langues, voilà en deux mots le principal objectif du Congrès.

J'ai cité plus haut la définition que donne Guizot de l'éducation: "Apprendre à l'homme à s'élever lorsque d'autres auront cessé de l'élever," afin d'indiquer que dans l'esprit de ses fondateurs, le Congrès d'éducation des Canadiens-français, qui sera probablement l'occasion d'une association permanente, ayant le même but et les mêmes aspirations, pourra avec avantage s'occuper à améliorer la vie matérielle, morale et intellectuelle de la population française de l'Ontario.

Sans avoir la prétention de couvrir le vaste champ qui s'offre à l'initiative et aux labeurs d'une association de ce genre, il lui sera peut-être permis d'essayer à apporter une amélioration, si petite qu'elle soit, dans les conditions générales où se trouvent les Canadiens-français de cette province.

Il ne semble pas douteux qu'une association de ce genre pourrait matériellement contribuer à cette amélioration, en employant des moyens que je ne puis qu'indiquer brièvement. Par exemple, en encourageant le développement des forces physiques, en répandant les saines notions d'hygiène et de santé publique, en démontrant les maux causés par l'intempérance et en préconisant constamment la tempérance et la sobriété, en encourageant la culture des arts et des sciences, en aidant à l'établissement d'écoles agricoles ou techniques, en aidant à la fondation de clubs littéraires ou athlétiques. Une telle association pourrait devenir un facteur important dans l'éducation civique des nôtres, en insistant sur le respect des lois et de l'autorité, en répandant de saines notions politiques, en inculquant une meilleure conception d'économie domestique et des obligations comme des droits du citoyen, et en inspirant à tous, et surtout à ceux qui sont mieux doués par la fortune et par l'intelligence, plus de dévouement à la cause publique, en combattant l'apathie et l'abstention d'un grand nombre pour les choses de la vie publique.

Voilà l'oeuvre à laquelle nous allons concentrer nos efforts et nos énergies; nous mettrons en outre à son accomplissement toute la modération voulue, tout cet esprit de justice et du respect des droits des autres dont nous avons dans le passé donné la preuve, et aussi tout le courage que nous inspirent la légitimité de nos revendications et le sentiment de nos devoirs envers nos enfants, ainsi que notre désir d'être utile à notre pays.

Le but que se propose le Congrès nous apparaîtra peut-être plus clairement si, après avoir tenté de définir ce qu'il doit être, j'ajoute quelques mots pour expliquer ce que nous ne voulons pas qu'il soit.

En aucun sens et en aucune manière doit-il être un mouvement politique; aucune considération des partis politiques n'a motivé, ni le moindrement influé sur l'initiation et l'organisation de ce Congrès. Aucune préoccupation de ce genre ne viendra troubler nos délibérations ou nos décisions.

Le Congrès n'est pas et ne sera pas non plus purement un regroupement national. Quoique composé principalement des Canadiens-français d'Ontario, nous serons toujours heureux de recevoir tous ceux qui voudront nous aider de leurs conseils et par leur coopération, d'où qu'ils viennent et quelle que soit leur origine. Nous n'entendons nullement prêcher ou pratiquer l'exclusivisme, et tous ceux qui voudront contribuer à l'étude et à la connaissance de la langue française et à sa propagation seront toujours les bienvenus. Nous ne sommes animés d'aucun sentiment d'hostilité envers les autres nationalités qui nous entourent, et tout esprit et toute tentative d'antagonisme, d'agression, d'envahissement, d'accaparement ou de récriminations contre qui que ce soit seront résolument bannis.

Il n'entre nullement dans le but de ce Congrès ni dans les desseins de ses organisateurs de se préoccuper de questions religieuses. L'adhésion et la coopération des membres du clergé, dont nous nous félicitons et qui nous honorent, ont été motivées tout simplement par l'intérêt qu'ils portent, en commun avec les autres membres du Congrès, et par l'attachement, qu'ils partagent avec ces derniers, à la langue française. Les questions religieuses ne sont pas de notre compétence et ne sauraient faire partie de nos attributions.

Tout ce que nous voulons, en un mot, c'est de créer une saine émulation et une coopération féconde pour perfectionner les nôtres par l'éducation, l'instruction et l'enseignement, et par ce moyen leur permettre de se rendre plus utiles à eux-mêmes et à la société. Ce que nous voulons, c'est d'aider quelque peu à l'amélioration des individus avec qui nous avons le lien d'une langue commune, et par là travailler et contribuer au progrès général. De tout temps et sous tous les cieux, la résultante immédiate et nécessaire de l'éducation a été et sera l'amélioration de l'individu, de la famille et de la nation.

De tous les moyens à notre disposition pour assurer l'accomplissement de nos désirs et la réalisation de nos espérances, il nous semble que le plus sûr et le plus puissant est celui que nous offre la langue maternelle. C'est le moyen qui s'impose naturellement et tout d'abord. C'est cet intermédiaire que nous entendons surtout préconiser dans l'oeuvre que nous avons entreprise.

Il nous semble de première évidence que tout système d'enseignement et d'éducation doit fournir, à tout citoyen, les moyens les plus propres à produire son entier développement intellectuel et moral, en tenant compte de ses aptitudes, de son tempérament et de ses désirs, à le mettre en mesure d'exercer, dans toute leur plénitude, tous les droits que lui reconnait la constitution de son pays comme de remplir tous les devoirs qu'elle lui impose.

Il nous semble également évident que ce ne sera pas atteint, dans Ontario, aussi longtemps que les Canadiens-Français n'y auront pas à leur disposition l'usage complet du moyen le plus efficace et le plus propre à leur formation intellectuelle, morale et sociale, qui est, je le répète, celui de la langue maternelle.

C'est par la langue maternelle qu'on arrive plus directement et plus sûrement à l'intelligence et au coeur de tout homme.

Nous voulons proclamer cette vérité et réclamer le droit de se servir de la langue française, comme auxiliaire indispensable dans la formation éducationnelle de nos enfants.

La langue française, comme les traditions françaises, font partie de l'héritage national du Canada. Je suis convaincu que la majorité de nos compatriotes de langue anglaise ne désire pas l'oubli ou la méconnaissance de ces glorieuses traditions, ni la disparition de notre langue maternelle. Et si les Canadiens-Français comprennent que c'est à eux qu'il incombe surtout de faire un élan historique pour sauver la langue française, n'ont-ils pas raison d'espérer et de croire que leurs concitoyens de langue anglaise leur aideront à conserver une si belle partie de l'héritage national?

Aussi, convaincus de l'excellence de notre cause et de la légitimité de nos réclamations, ayant pleine confiance dans la sagesse et l'esprit de justice de la majorité dans cette province, nous allons nous mettre à l'oeuvre, pour démontrer les lacunes évidentes dont souffre la méthode d'éducation et d'enseignement destinée à nos enfants, et pour indiquer les réformes dont elle est susceptible.

En terminant, me sera-t-il permis de répéter que d'abord et surtout ce que nous désirons, ce que nous réclamons, c'est la reconnaissance officielle et explicite de l'école ou classe bilingue, et qu'on lui fournisse les moyens et qu'on la mette en état d'assurer l'enseignement efficace dans les deux langues et dans les différents cours, tant pour l'éducation scolaire que pour l'entraînement pédagogique.

Nous le ferons avec une fermeté empreinte de toute la modération possible, avec un profond respect du droit des autres, comme de l'autorité à laquelle s'adresseront nos demandes, et j'ajoute, sans hésitation, avec la conviction que nos suppliques seront reçues et entretenues avec toute la considération et la sympathie qu'elles méritent.

Napoléon-Antoine BELCOURT

Congrès d'éducation des Canadiens-français d'Ontario, Rapport officiel des séances tenues à Ottawa, du 18 au 20 janvier 1910, Association canadienne-française d'Éducation, 1910.

L'abbé Alexandre Beausoleil (1861-1931)

Tour à tour curé de Casselman, de Sainte-Anne d'Ottawa, de Fournier et de Vankleek Hill, Alexandre Beausoleil participe à la rédaction de l'hebdomadaire *Le Moniteur*, d'Hawkesbury. Dès la fin de l'année 1908, il lance l'idée d'un "congrès national des Canadiens-Français de l'Ontario". Le projet sera appuyé par d'autres journaux de la province et le patriote homme d'Église deviendra vice-président de la Commission constituante du congrès de 1910, puis membre du comité exécutif de la nouvelle Association canadienne-française d'Éducation de l'Ontario.

L'allocution livrée par l'abbé Beausoleil le 20 janvier 1910, devant les délégués au congrès de fondation de l'ACFEO, peut sembler assez sévère. L'orateur laisse aux autres le soin de chanter les gloires de la race canadienne-française et de fouetter le sentiment national. Il prend plutôt la voix du prédicateur pour dénoncer les travers des siens, notamment l'esprit de parti utilisé à mauvais escient. Voici comment Alexandre Beausoleil s'élève contre ceux qui votent "rouge ou bleu sur tout et partout".

L'esprit de parti

(...) Je ne vous le cache pas, messieurs, le résultat pratique et définitif des solennelles assises que nous tenons en ce moment, repose entièrement sur le sujet si important que j'ai à traiter devant vous, ce soir, et qu'on aurait dû, il me semble, confier à une voix plus familiarisée avec les questions de sociologie: c'est le groupement compact, solide et permanent de tous nos compatriotes d'Ontario en un bloc national, qui nous permette de résister à toutes les tentations d'anglicisation, d'assurer notre existence comme race dans la province.

Mais avant de chercher les moyens les plus propres à propager dans nos rangs cette pensée d'un groupement national sérieux et durable, voyons, en un court examen, quelles sont les conditions sociales du groupe français d'Ontario.

S'il faut en croire les statistiques les plus récentes, nous commes plus de 200,000 Canadiens-Français, c'est-à-dire un dixième de la population, distribués, par un curieux hasard, ou, pour parler plus chrétiennement, par un dessein tout spécial de la Providence, distribués en ceinture sur le pourtour de la province.

À l'est, nous sommes chez nous dans Prescott et Russell; tout à l'heure, si l'idée de réveil national fait son chemin, nous commanderons dans Glengarry et Stormont; au nord, une théorie d'établissements français jalonne les rives de l'Ottawa; le Nouvel-Ontario, à l'Ouest, compte 30,000 Canadiens-Français; dans la région de la Baie Georgienne et du Lac Huron, de même que dans les comtés de Kent et d'Essex, où le poids de leur nombre se fait sentir avec avantage, nos compatriotes ont résisté et résistent plus que jamais à la pression anglo-saxonne, et, dans des conditions extrêmement précaires, extrêmement difficiles, ont gardé avec un soin jaloux le culte des traditions françaises.

Placés dans de semblables conditions géographiques, sur le territoire d'une province au plus haut degré saxonne et saxonnante, il n'est pas étonnant qu'ainsi isolés les uns des autres nous perdions presque effectivement le contact, que nous manquions de cet esprit de cohésion sans laquelle toute minorité est infailliblement vouée à l'anéantissement.

Vous n'avez cependant pas, messieurs, dans le seul éparpillement de nos groupes nationaux, tout le secret de notre faiblesse; forcément séparés sur le terrain économique, nous le sommes d'une manière plus fâcheuse encore sur le terrain social.

Je laisse volontiers aux orateurs de la St-Jean-Baptiste le soin de redire, en de vibrantes périodes, et de chanter avec des trémolos patriotiques, les faits et gestes de nos glorieux ancêtres; ces envolées, pleines d'émotions frissonnantes, ont eu jusqu'ici le sort de ces fleurs éphémères qui ne durent qu'un matin.

Si nous jetons un regard de fierté sur les annales du passé, si nous nous plaisons à reconnaître à notre race une somme de vigueur et d'endurance qui lui ont assuré l'existence aux époques les plus difficiles de notre histoire, une force d'expansion plus que merveilleuse, une ténacité de fer à ses traditions, une foi inébranlable dans la mission que la Providence semble lui avoir tracée de ce côté-ci de l'Atlantique, nous oublions trop souvent de tourner certains feuillets de cette même histoire qui nous révèlent, hélas! que nous n'avons pas encore atteint la perfection.

Puisque nous sommes ici pour nous rendre compte aussi fidèlement que possible de notre état social, ne craignons pas de faire un examen de conscience, de sonder avec soin les plaies qui affaiblissent la vitalité de notre race, dût la révélation de ces misères nous mettre en posture fort peu enviable.

Une nomenclature trop fidèle de nos travers ne serait pas de mise ici; mais avouons, pour être francs, que nous avons trois grands défauts que je serais tenté d'appeler nationaux, si d'autres races d'ailleurs ne les partageaient avec nous en une certaine mesure, ce qui peut nous être de quelque consolation.

Ces trois défauts, l'abus des liqueurs, le blasphème et la jalousie, causent des ravages incalculables dans les rangs de notre société, tarissent nos meilleures sources d'énergie, non seulement sur le terrain de la conscience, mais encore sur celui de l'économie sociale. Eh bien! envisagé à ce dernier point de vue, un quatrième vice, lui aussi bien national, est en train, à mon sens, de nous faire un tort irréparable: c'est l'esprit de parti.

Je vous prie de croire, messieurs, que je ne viens pas prêcher ici un évangile nouveau, et qu'il n'est jamais entré dans la pensée des promoteurs du Congrès de faire tomber les lignes des partis politiques qui nous divisent. D'ailleurs, comment nous représenter les Canadiens-Français étudiant les problèmes de la vie politique autrement qu'à la lumière de lunettes bleues ou rouges?

L'esprit de parti, que nous apportons en venant au monde, a complètement oblitéré chez nous l'opinion publique, cet esprit de clairvoyance des foules, cette arme la plus puissante dont un peuple puisse se servir, pour se mettre à l'abri des surprises et des entreprises d'une coterie ou d'une ploutocratie trop audacieuse. Remarquez bien, messieurs, que je ne blâme pas en elles-mêmes les sympathies que vous donnez aux partis qui se disputent l'accès du pouvoir, et qui, étant données nos moeurs politiques, sont, jusqu'à un certain point, nécessaires au bon rouage d'un gouvernement tel que nous le comprenons en ce pays.

Vous avez le droit de donner votre appui aux mesures qui vous apparaissent dictées dans le sens des intérêts du pays, ou de les combattre de votre vote et de votre influence si, dans votre opinion, elles peuvent conduire à des conséquences funestes. Vous êtes également justifiables d'honorer de votre confiance les heureux mortels qui sont confortablement installés sur les banquettes ministérielles, ou de batailler vaillamment aux côtés de ceux qui sont assis dans les froides régions de l'opposition: ce faisant, vous remplissez votre rôle d'électeurs libres et intelligents.

Mais ce rôle de partisans doit-il, messieurs, se prolonger indéfiniment, pour ne jamais varier? Un groupe national, une minorité placée comme nous le sommes ici dans la province, peut-elle sans danger se cantonner obstinément quand même dans les lignes des partis politiques adverses, lorsque s'agitent, à la tribune et dans l'arène parlementaire, des questions qui intéressent au plus haut point son existence nationale, sa langue et sa foi religieuse?

Je ne le crois pas. Et cependant, c'est ce que nous faisons le plus souvent. Nous allons plus loin; nous transportons nos préjugés politiques, ces germes de luttes et de divisions si malheureuses, presque dans le choix des commissaires d'écoles et des conseillers municipaux; et, comme résultat, nous perdons l'appoint de précieuses influences, et nous élisons des hommes qui nous représentent mal ou qui ne nous représentent pas du tout. Croyez-vous que si l'opinion publique était, chez nos concitoyens, mieux avertie, plus indépendante, croyez-vous que les maîtres du jour traiteraient, ainsi qu'ils le font, comme une quantité négligeable, comme un groupe auquel on permet de vivre mais qui ne doit réclamer rien de plus?

Croyez-vous que si, au lieu d'être inévitablement marqués de rouge et de bleu, nous avions cet esprit de corps qui caractérise les fils de certaine race plus nombreuse que la nôtre, et à qui on est à la veille de donner la lune, si ces messieurs la réclament, croyez-vous que les chefs des pouvoirs publics nous feraient une si maigre part des faveurs budgétaires?

Voulez-vous des faits à l'appui de ce que j'avance? Il y a vingt ans, nous avions un sénateur et deux juges canadiens-français dans Ontario ; en vingt ans nous avons doublé le chiffre de notre population, et nous avons encore un sénateur et deux juges de comté. Il y a d'immenses travaux d'assainissement et de drainage à exécuter dans

34

les comtés de Prescott et de Russell; l'opinion publique s'est-elle une fois agitée au point d'attirer la sérieuse attention des ministres provinciaux sur ces améliorations à faire?

Nous sommes dans Ontario 200,000 Canadiens-Français, non pas les fils d'émigrés que la pauvreté et la misère ont poussés sur nos bords, mais les descendants de ces hardis découvreurs qui ont donné un continent à la civilisation et qui, en deux occasions, ont conservé un empire à la couronne britannique. Tous nos grands hommes du jour, quand ils sont reçus à Toronto, ne manquent jamais d'exhiber un certificat de loyalisme qu'on ne leur demande pas d'ailleurs, et d'assurer leurs hôtes que le dernier coup de canon tiré sur le vieux roché de Québec, pour la défense du drapeau britannique, sera l'oeuvre d'un Canadien-Français. Imaginez donc!

Et dire que ceux qui vident leurs coupes de champagne au bruit pompeux de ces gargarismes oratoires, n'ont pas encore songé à donner à l'enseignement du français la place officielle qu'il doit occuper dans la législation provinciale. La langue de Champlain et de Montcalm, de Lafontaine, de Papineau et de Cartier, de... Laurier, est regardée dans Ontario comme une langue étrangère sur le même pied que l'allemand, le russe et le chinois.

Cet état de choses est en réalité déplorable et humiliant pour nous. Mais, de grâce, n'allez pas en jeter la responsabilité sur les seuls chefs que vous vous êtes donnés. Vous les avez honorés de votre confiance; vous les avez chargés de vous représenter dans les législatures; mais dites-moi, messieurs, quand leur avez-vous tracé une ligne à suivre au renouvellement d'un mandat? Ceux qui sollicitent vos suffrages déploient, avec force discours, le programme de leurs fermes résolutions et leurs bons propos; mais jamais vous n'avez songé, un seul instant,à leur imposer vos vues, pour la bonne raison que chez les nôtres l'opinion publique est nulle.

Vous votez rouge ou bleu sur tout et partout, sans vous douter que ces luttes et ces divisions, souvent inexplicables, anéantissent votre prestige et font le jeu de ceux qui arrivent, qui se casent et vivent à vos dépens.

Ce mal dont nous souffrons est plus grand et plus désastreux que vous ne le pensez, et je puis vous assurer que ce ne sont pas les hommes politiques qui s'empresseront d'y porter remède. Il n'est rien qu'ils redoutent tant qu'un réveil de l'opinion publique, qu'ils s'étudient d'ailleurs à endormir avec un luxe infini de précautions vraiment touchantes; jamais une classe d'hommes n'a mieux compris la sagesse du vieil axiome machiavélique: "Diviser pour régner".

Nous vous avons appelé des quatre coins de la province pour nous aider à améliorer notre condition sociale, pour sceller, s'il est possible, dans une fraternelle pensée et un sentiment de confiance indéfectible dans l'avenir de notre race, les liens qui doivent attacher, les uns aux autres, les rejetons de ce rameau français qui a poussé de si vigoureuses racines dans le sol d'Ontario.

Cette oeuvre de ralliement résume à elle seule tous les travaux de notre Congrès; si, au sortir de cette assemblée de famille, nous nous sentons plus près les uns des autres, débarrassés de préjugés et de travers qui, en nous divisant, ralentissent notre marche en avant, nous pouvons regarder l'avenir avec confiance, car les peuples unis ne meurent pas.

Alexandre **BEAUSOLEIL**

Congrès d'éducation des Canadiens-français d'Ontario, Rapport officiel des séances tenues à Ottawa, du 18 au 20 janvier 1910, Association canadienne-française d'Éducation, 1910.

Jules Tremblay (1879-1927)

Écrivain, journaliste, traducteur et ardent patriote, Jules Tremblay fut secrétaire de l'Association canadienne-française d'Éducation de l'Ontario, de 1911 à 1912. Dès l'entrée en vigueur de l'inique Règlement XVII, il fonda *La Justice*, un journal de combat entièrement voué aux intérêts des Canadiens français. Outre une kyrielle d'éditoriaux sur le fait français en Ontario, Jules Tremblay a laissé nombre de textes, dont "Une opinion sur la littérature canadienne-française" (1913) et un historique de "Sainte-Anne d'Ottawa" (1925).

La plume de Jules Tremblay est on ne peut plus mordante, qu'il s'agisse de dénoncer le parti de Sir James Whitney, qui a imposé le Règlement XVII, ou de déplorer les luttes fratricides au sein de la population franco-ontarienne. L'éditorialiste se montre souvent critique, voire pessimiste devant la désunion des siens; au besoin, il n'hésite pas à cerner le mal pour mieux le conjurer, comme en fait foi le texte suivant, paru dans *La Justice* du 22 novembre 1912.

La coulpe

Après plus d'un siècle de vie relativement paisible, les Canadiens français d'Ontario subissent en 1912 l'assaut que les années 1910 et 1911 faisaient prévoir aux clairvoyants.

La circulaire 17 n'était pas inattendue, bien qu'elle soit venue à une heure où la population ne croyait pas encore devoir l'affronter si tôt.

Son illégalité est notoire. Elle a été suffisamment démontrée. Mais ce qui reste à expliquer, c'est la cause primitive de sa publication. C'est un sujet difficile à aborder en temps de crise; mais l'exposé de la situation passée nous fera prévoir les obstacles à contourner et à détruire dans l'avenir. Il faut que demain évite les fautes d'hier.

Les Canadiens français ont-ils fait leur devoir pour se protéger?

Nous répondons résolument: Non.

Prouvons-le.

Le *Sentinel* lançait à pleines colonnes des appels aux protestants contre l'invasion française et *romaine*. Elle conseillait la formation d'un parti protestant contre l'école séparée et contre l'école bilingue.

Les catholiques se sont divisés entre eux. Une faction a fait cause commune avec les persécuteurs de l'Irlande catholique et a demandé la radiation de la langue française dans les diocèses ontariens, puis dans les écoles, séparées ou publiques.

Les Canadiens français restaient seuls, en 1910, pour lutter. Ils avaient, alors comme aujourd'hui, la majorité ethnique dans les différents groupes catholiques. Mais ils se sont fait la guerre entre rouges et bleus, entre comtés, entre paroisses, entre groupes, entre familles. Ils se sont divisés sur des questions de patronage au lieu de diriger tous leurs efforts à Toronto, où déjà une députation hostile préparait en sourdine une législation contraire à la simple justice. Malgré les déclarations de ministres provinciaux au banquet de janvier ici même à Ottawa, malgré les protestations d'amitié du cabinet à une représentation partisane trop peu avertie, malgré l'effort tenté vers le ralliement par le Congrès, les divisions intestines désagrégeaient tout.

Toronto savait tout cela et se riait du travail forcé des patriotes éclairés.

En 1911, la résolution Ferguson indiquait la tendance véritable de la secte orangiste. Les Canadiens français ne s'unirent pas plus, mais activèrent au contraire leurs mesquines querelles de clocher et d'intérêt personnel sous la bienveillante direction d'anglophones souples et froids, et même sous le commandement de chefs improvisés qui utilisaient les haines et les soupçons pour faire avancer leurs projets d'escarcelle.

Au lieu d'opposer un bloc solide français au bloc solide orangiste, on jetait au panier le projet d'union du notaire Lévesque, on semait la discorde par des calomnies et par des insinuations perfides, contre tout homme qui pouvait rendre service d'une façon désintéressée à la cause du droit et de l'équité.

Dix-neuf cent douze arrive. Il y a beaucoup de paroles et peu d'action continue et raisonnée. On oublie d'agir à l'heure opportune - *Age quod agis*-; mais on n'oublie pas les têtes à abattre.

Quel bien peuvent faire l'Association d'éducation, l'Association Saint-Jean-Baptiste, l'Union Saint-Joseph du Canada, l'Association catholique de la jeunesse canadienne française et toutes les autres sociétés nationales, si la première manoeuvre est de nuire au voisin, si les chefs manquent, si les actions décisives sont étouffées, si l'espionnage est érigé à la hauteur du sacerdoce, si la destruction de l'armée se fait même avant le combat!

Quelle oeuvre peut faire la presse française d'Ontario, si elle est tenue en suspicion et pour son passé, qu'on a rendu possible, et pour son avenir, qu'on voudrait rendre méprisable à force d'accusations ignobles et de persécutions sans cesse renouvelées!

Que peut faire la jeunesse, quand elle est baillonée par l'inaction des aînés, trop intéressés à supputer les revenus possibles d'une décheance nationale qu'ils activeraient s'ils croyaient en tirer profit!

Voilà le mal, le vrai mal qui ronge nos entreprises. Quand l'heure de la bataille est arrivée, le clairon sonne en vain le ralliement, -les contre-ordres se croisent, les colonelles se mêlent et vont en sens inverses; et comme les soldats de Hampton avant Châteauguay, nous nous battons en pleine nuit nous-mêmes en croyant frapper l'ennemi.

À l'oeuvre! À l'union! À l'entente! C'est au prix des sacrifices que les croisades triomphent, sacrifices de dignité blessée, d'amour-propre, d'envie, de jalousie, d'intransigeance déraisonnable contre des individus, de sectarisme outré contre d'autres, de vanité, d'orgueil, et sacrifices d'argent.

Le soldat ne demande pas à son compagnon de tente à quel clan il appartient. Tous deux marchent vers le but commun. Pourquoi ne ferions-nous pas de même dans les luttes pacifiques pour l'obtention ou le maintien de nos droits naturels et constitutionnels? La conservation de la langue française est-elle si peu importante à nos yeux que nous voulions la sacrifier à notre parti politique, à notre ambition financière, à la satisfaction de nos basses vengeances, au contentement de nos suspicions méchantes?

Dans ce cas, cessons tout combat, car nous n'avons pas de sincérité et nous trahirions.

Mais si les Canadiens français placent plus haut que la guénille rouge ou bleue, plus haut qu'un remuement de fiel la fierté de leur idiome ancestral, qu'ils s'unissent dans la pensée de Mercier, et qu'ils cessent leurs luttes fratricides.

Là seul est la garantie d'une lutte rationnelle.

Là seul aussi est le gage de la victoire.

Jules TREMBLAY

La Justice, 22 novembre 1912.

L'honorable Louis-Philippe Landry (1846-1919)

Député à Québec, puis à Ottawa, Louis-Philippe Landry devient
sénateur en 1892 et président de cette Chambre de 1911 à 1917,
année où il démissione de son poste pour se vouer entièrement à la
cause des Canadiens français de sa province d'adoption. En dépit
de son âge avancé, il préside aux destinées de l'ACFEO durant les
années les plus difficiles et les plus pénibles de la résistance au
Règlement XVII (1915-1919). L'éditorialiste du *Devoir*, Omer
Héroux, a écrit: "Tout Philippe Landry tient dans cette volonté de
lutte jusqu'au bout, dans ce dédain des échecs partiels, dans cette
tranquille résolution devant l'obstacle prévu et mesuré" (22
décembre 1919). Il est mort à la tâche, sur la brèche.

Au début de son mandat à la présidence de l'ACFEO, en 1915,
Philippe Landry rédige un mémoire sur la question scolaire, où il
expose clairement la vraie nature du Règlement XVII. Nous sommes
au début de la Première Guerre mondiale et le défenseur des droits
scolaires des Franco—Ontariens n'hésite pas à établir certaines
analogies sur le plan du combat de part et d'autre de l'Atlantique.
Voici, pour une meilleure compréhension de cette infâme
règlementation, de larges extraits dudit Mémoire.

Le Règlement XVII

(...) Cédant à une influence néfaste, la législature provinciale a adopté un jour, dans les dernières heures d'une session, une résolution qui ne fut pas une loi mais simplement l'expression d'un voeu d'où est sorti ce qu'on appelle le règlement No 17.

C'est avec cette dernière arme que les adversaires de l'école bilingue veulent tuer l'usage de la langue française dans l'école, sachant bien qu'une fois bannie de l'enseignement la langue française ne peut que pécliter, pour disparaître sans retour.

Comment l'acceptation de ce règlement peut-il produire ce résultat? c'est facile à comprendre. Pour s'en convaincre il n'y a qu'à lire le règlement et à l'interpréter.

Voici la substance de ce fameux règlement intitulé: "Circulaire d'instructions" et que, pour plus de clarté, nous allons diviser en deux parties, A et B.

Partie A. -Le français dans les écoles bilingues, comme langue de communication et d'enseignement.

La circulaire définit tout d'abord ce que sont les écoles bilingues. Ne sont reconnues comme école bilingues, parmi les écoles primaires de l'Ontario, que les seules écoles publiques ou séparées que le Ministre de l'Éducation soumet chaque année au double inspectorat établi par la présente circulaire (I et V). Dans ces écoles le français sert de langue *d'instruction et de communication* pendant la durée du premier cours et non au-delà, hormis la permission expresse de l'inspecteur en chef (III.1), le français cédant le pas à l'anglais dès que l'élève comprend suffisamment cette dernière langue (III,2.b.). Les deux inspecteurs de chaque école bilingue font chacun un rapport selon les formes prescrites, lequel rapport est sujet à l'approbation du ministre après révision par l'inspecteur en chef (IX), lequel inspecteur en chef des écoles publiques ou séparées est *ex-officio* l'inspecteur surveillant des écoles bilingues. Si une école bilingue se soustrait à un règlement ou à une instruction du département, l'un ou l'autre des inspecteurs doit immédiatement faire rapport au ministre de telle infraction (X).

Aucun instituteur ne peut recevoir un certificat l'autorisant à enseigner dans une école bilingue (XIII, 1), ni ne peut rester en fonctions comme tel ni être nommé dans aucune de ces écoles (XIII, 2), s'il ne possède une connaissance suffisante de l'anglais. Les subventions législatives accordées aux écoles bilingues le sont aux mêmes conditions que celles accordées aux autres écoles publiques ou séparées (XIV).

Nous venons d'étudier la circulaire No 17 en ce qui concerne l'usage du français comme langue de communication et d'instruction dans les écoles bilingues, dont l'existence ne dépend que du caprice ministériel. Ne sont en effet et ne peuvent être écoles bilingues que les seules écoles que le ministre veut bien désigner comme telles *annuellement* au double inspectorat. Mais dans ces mêmes écoles bilingues reste à déterminer ce que peut être le français comme sujet d'études. La circulaire No 17 s'en occupe aussi.

Partie B. -Le français comme sujet d'études.

Dans les écoles publiques et séparées, annuellement désignées par le ministre comme bilingues, l'enseignement du français est soumis aux règles suivantes: dans les écoles où le français a déjà été enseigné jusqu'à ce jour (i.e. antérieurement au mois d'août 1913), les commissaires d'écoles peuvent faire enseigner la lecture, la grammaire et la composition en français durant les quatre premiers cours comme matières supplémentaires du programme d'études (IV), pourvu que les parents de l'élève réclament cet enseignement (IV, 1), lequel ne peut être d'au delà d'une heure par jour (IV.2), hormis une permission spéciale de l'inspecteur en chef, et pourvu qu'un tel enseignement ne diminue en rien l'efficacité de l'enseignement donné en anglais (IV. 2). Mais cette permission n'est accordée que pour les années scolaires 1911-12, 1912-13, 1913-14 (IV. 3). Bref, les permissions accordées sont périmées, et il ne reste plus que ce que le ministre voudra bien faire!

Telles sont les instructions émanées par le Département de l'Éducation. Elles mettent parfaitement en relief toute leur inconstitutionnalité en ce qu'elle établissent que tous les pouvoirs qu'avaient les commissaires d'écoles dans les écoles séparées lors de la Confédération leur ont été enlevés et mis entre les mains du gouvernement ou de ses officiers, préjudiciant ainsi aux droits et privilèges que possédait la minorité catholique dans ses écoles confessionnelles lors de l'entrée de l'Ontario dans la Confédération, droits et privilèges reconnus par la loi et dont l'existence et la perpétuité avaient été et sont encore garanties par l'article 93 de l'acte de l'Amérique Britannique du Nord. (...)

En pratique, la circulaire No 17 est l'arme mise entre les mains du ministre pour étouffer, quand bon lui semblera, l'enseignement du français dans la province de l'Ontario.

Et la minorité catholique perd ainsi lambeau par lambeau, grâce à cette mesure, tous les privilèges qu'elle avait dans le passé, alors que les commissaires d'école, en vertu même de la loi qui les y autorisait, permettaient d'autorité l'enseignement du français et son usage comme langue de communication entre les instituteurs et les petits élèves français dans la province de l'Ontario.

| Il est temps que la voix de l'opprimé se fasse entendre et qu'elle arrive jusqu'aux oreilles de ceux qui ont la noble mission de rendre justice ici-bas.|

Nous déposons notre plainte au pied du trône, de ce trône que nos propres enfants, de race française, défendent aujourd'hui dans les Flandres, où l'entente cordiale unit dans les mêmes tranchées la brillante jeunesse de deux grandes nations où le sang de notre sang est versé sans calcul pour le triomphe de la civilisation et le maintien de l'Empire Britannique. Nous demandons que le pacte d'honneur qui a groupé sur la terre canadienne les descendants de Montcalm et de Wolfe, dans une confédération, dans une union qui fait la force, soit respecté et que la décision que nous attendons jaillisse des sources les plus pures de la justice et apporte avec elle, jusque sur les bords de nos grands lacs, la paix dans l'ordre et quelque chose de la haute politique déployée par l'Angleterre dans le noble traitement de ses colonies.

| En 1775, en 1812, nous avons, nous de la race française, conservé le Canada à la Couronne Britannique; en 1915, nous demandons à cette même Couronne le droit de conserver dans notre pays le doux parler de nos aïeux, pendant que nos enfants se battent pour le salut de l'Empire Britannique.|

Catholiques vs. catholiques

En face de la situation juridique faite aux écoles confessionnelles dans l'Ontario et des droits et privilèges inprescriptibles que possède la minorité catholique dans cette province, que voyons-nous aujourd'hui? Cette minorité est scindée en deux et les catholiques de langue anglaise font une guerre injuste, déloyale et désastreuse aux catholiques de langue française.

Il importe de faire de suite le démembrement des forces rivales dans la présente lutte.

Il y a actuellement dans la province de l'Ontario et dans les provinces ecclésiastiques qui la composent une population catholique de 582,416 âmes. Si de ce nombre nous déduisons les catholiques d'origine française (285,101), belge (810), italienne (21,377), polonaise (10,813) et deux tiers des catholiques indiens (16,315), soit 334,416, il reste une population de 248,000 âmes comprennant Irlandais, Anglais, Écossais, Hollandais, Galliciens, Bulgares et Roumains.

44

Si les catholiques de langue française dominent par le nombre, ils n'ont malheureusement pas la représentation à laquelle ils auraient droit dans la hiérarchie de cette province d'Ontario.

Celle-ci comprend les archidiocèses de Toronto, de Kingston et une partie de celui d'Ottawa, et compte douze membres de l'épiscopat.

De ces douze évêques et archevêques, les catholiques de langue anglaise en ont neuf, bien que la population de langue anglaise n'atteigne certainement pas la moitié du chiffre total des catholiques. Comme conséquence, c'est l'épiscopat de langue anglaise qui gouverne l'élément catholique de l'Ontario et qui gouverne au détriment des intérêts de la race canadienne-française.

La chose s'explique, mais ne se justifie pas. Elle a déjà créé des situations extrêmement pénibles et donné lieu à la perpétration de criantes injustices, sans compter qu'elle prépare de tristes lendemains. Le jour n'est pas loin, où fatiguée de la tyrannique domination d'une minorité tracassière, lasse d'attendre une justice qui se dérobe continuellement pour revêtir au sein même du sanctuaire le manteau de la plus révoltante partialité, la majorité française des catholiques de l'Ontario lèvera la tête et affirmera ses droits à une représentation plus juste dans les rangs de l'épiscopat, ses droits à une éducation plus catholique et plus française de ses enfants. Elle souffre et prie aujourd'hui. Elle prie et demande justice. Mais elle appartient à une race qui veut ne pas mourir et qui ne mourra certainement pas.

Quand le vase sera plein il renversera. (...)

Philippe LANDRY

Mémoire sur la Question scolaire de l'Ontario, Association canadienne-française d'Éducation de l'Ontario, 30 juillet 1915.

Mgr Élie-Anicet Latulipe (1859-1922)

Successivement curé de la paroisse-cathédrale de Pembroke, curé à Haileybury, vicaire apostolique du Témiscamingue, puis évêque du diocèse de Haileybury, Mgr Latulipe appartient à cette lignée des promoteurs et des fondateurs de l'Église canadienne qui implantèrent tout aussi bien le catholicisme que la pensée française aux confins de la civilisation, au prix des plus héroïques sacrifices. Seul évêque ontarien à défendre ses compatriotes lors des pires heures de la résistance au Règlement XVII, il devint rapidement un chef incontesté, dévoué et estimé.

L'éditorialiste Charles Gautier, du *Droit*, a écrit que Mgr Latulipe laissa "de vibrantes allocutions d'où l'on pouvait détacher tout un code de fierté nationale". Lors du congrès de l'ACFEO tenu à Ottawa les 25 et 26 février 1919, les délégués eurent droit à un tel discours. Le prélat rappelle que ses frères ont mené le bon combat, puis les invite à rester unis. Voici comment il définit, entre autres, cette union des Canadiens français de l'Ontario.

Restons unis

(...) Voulez-vous que je vous dise ce que je pense de votre conduite depuis l'origine de ces tristes événements?

En la modifiant pour l'adapter à la circonstance, j'aime à vous répéter la parole adressée par le Christ à Saint-Thomas d'Aquin: "frères, vous avez bien combattu"; avec sagesse, avec dignité, avec succès.

Plusieurs de vos chefs spirituels, pour des raisons que je respecte sans les discuter, vous ont laissés sans direction. Vous avez dû organiser seuls et seuls maintenir la défense en face de l'oppression et vous avez donné le miracle d'une armée qui va sans chefs et qui remporte des victoires. N'est-ce pas la Providence elle-même qui vous guidait?

D'aucuns vous reprochent certaines manoeuvres imprudentes. Autant vaudrait reprocher à la Belgique et à la France d'avoir incidemment allumé quelques incendies dans la lutte héroïque qu'elles ont soutenue pour défendre leurs foyers contre l'invasion des barbares.

Oh! qu'il est facile de critiquer, de la colline voisine, les vaillantes brigades qui disputent un édifice à l'envahissement des flammes et qu'il y a peu de mérite à découvrir, quand on a été acculé dans un chemin difficile, que peut-être il y avait un peu plus loin un chemin plus favorable.

Mais après tout, je me le demande: qu'avez-vous donc fait que vous n'eussiez pas dû faire?

Vous vous êtes unis. Mais depuis quand, est-ce donc un crime de s'unir pour exploiter des richesses ou pour défendre la proriété?

Sans moyens violents vous avez résisté à ceux qui voulaient vous priver du droit que Dieu vous a donné de faire enseigner dans vos écoles la langue de votre foyer.

Certes, quand je repasse dans ma mémoire les événements dont nous avons été les témoins attristés depuis plus de huit ans, je ne puis m'empêcher d'être frappé d'admiration pour votre sagesse et de reconnaissance pour Dieu qui vous a guidés. Cette direction du pape que nous venons de recevoir, on dirait que vous l'aviez sous les yeux quand vous organisiez votre résistance si noble, si énergique, si loyale.

Vous avez épuisé tous les moyens diplomatiques en votre pouvoir et quand on vous refusait tout, jusqu'à enlever un iota des lois draconiennes qui pesaient sur vous, quand nous avions peur de vous voir vous lever en masse et mettre à la porte les lois iniques et les intrus, vous vous êtes contentés de dire à vos enfants: "revenez au foyer jusqu'à ce que l'école soit habitable pour de petits Canadiens - français".

Mais dira quelqu'un: qu'a-t-on gagné par la résistance? Frères, vous avez gagné votre langue. Si vous vous étiez croisés les bras, si vous eussiez consenti à la tentation d'essayer le régime qu'on vous présentait, si, pour des considérations d'argent ou de faveurs gouvernementales, vous eussiez cédé, la cause sacrée du français dans nos écoles serait perdue depuis longtemps. (...)

Oh! qu'il fait bon espérer, surtout quand l'espérance s'appuie sur la justice, surtout quand le pape nous dit que nos espérances et nos revendications sont légitimes. Merci, auguste pontife, d'avoir répété tout haut ce que vous m'aviez dit à l'oreille: "je pense comme vous" et je sais de science certaine que Votre Sainteté pense comme pensait Pie X. "Ils font bien", disait ce pape, en 1913, à un évêque canadien, en parlant précisément de la sortie de nos enfants d'école à l'arrivée de l'inspecteur protestant.

Ne vous découragez pas. Nos pères n'étaient que 60,000 en 1763. Ils ont espéré et lutté, et leurs descendants au Canada et aux États-Unis se chiffrent à plus de 3,000,000 aujourd'hui. Nous avons leur foi et leur sang; si nous avons leur persévérance, nous vivrons et nous nous multiplierons.

Restons unis pour accomplir toujours et partout notre devoir, pour donner à la couronne impériale notre allégeance et notre loyauté dans la mesure qu'on a le droit de demander, mais pour donner aussi à la patrie canadienne, notre seule patrie sur terre, le meilleur de notre patriotisme et de notre amour.

Restons unis enfin pour demeurer ce que nous sommes, CATHOLIQUES ET CANADIENS: catholiques jusqu'aux plus intimes fibres de notre âme afin d'être patriotes jusqu'aux dernières limites du dévouement et du sacrifice.

Restons unis aussi, je le dis sans arrière pensée, avec nos frères de langue anglaise, catholiques ou protestants, tant que nous pouvons l'être sans félonie pour notre Dieu, notre langue et nos traditions. (...)

Grâce au journal catholique, les esprits sont avertis, les principes immortels de la religion du Christ sont exposés, expliqués, appliqués aux différents problèmes que soulèvent tous les jours le mauvais vouloir des uns ou la philosophie myope des autres.

Ce sont les journaux catholiques qui aident à l'Église à endiguer le torrent des idées ténébreuses qui montent sans cesse des loges maçonniques, à abattre la pieuvre immonde du sensualisme qui menace d'étreindre notre pays dans les multiples tentacules du théâtre, du cabaret et de la mode.

C'est le journal catholique qui a instruit les pères de famille, qui leur a appris qu'ils ne sont pas de simples rouages du mécanisme d'État mais qu'ils ont des droits qui relèvent de Dieu et des responsabilités dont les gouvernants ne sauraient les libérer devant leur conscience.

C'est le journal catholique qui vient actuellement en aide à la chaire chrétienne pour expliquer au monde, en interprétant les immortelles directions des papes, les véritables rapports qui doivent exister entre le capital et le travail de même que les lois d'équité et de justice qui doivent régir les peuples.

Je crois autant qu'il le faut, à la Ligue des Nations pour enrayer l'égoïsme qui épuise les forces de l'humanité, mais je crois encore plus à la ligue des revues et journaux catholiques pour endiguer les passions du coeur humain, pour assainir l'atmosphère des intelligences, pour écarter les préjugés des passions et pour faire briller partout la lumière qui doit éclairer tout homme venant en ce monde.

Ce que le journal opère dans la sphère religieuse, il l'accomplit aussi avec les mêmes résultats dans le domaine national, et, à preuve de cette assertion, nous devons dire que si les Canadiens-français sont restés unis dans la crise que nous traversons, s'ils connaissent aujourd'hui leurs droits et sont debout pour les affirmer, nous le devons aux journaux que vous connaissez trop bien pour que j'aie besoin de les nommer.

Donc ces journaux et ces revues de Québec, Montréal et Ottawa, je n'ai pas le temps de mentionner les autres, il faut les recevoir, les lire, les répandre, les supporter au prix de tous les sacrifices.

Il y a trois choses dont vous ne pouvez pas vous passer, Canadiens-français de la province d'Ontario, votre église, votre école bilingue et votre journal catholique et français. (...)

Il y aura bientôt 25 ans que je vis dans l'Ontario : j'ai vu les hommes et j'ai été mêlé aux événements, et je suis convaincu que sur une foule de points nous ne pourrons jamais nous entendre.

Alors pourquoi ne pas sacrifier l'union physique pour l'union morale. Séparons-nous pour rester unis. Séparons-nous comme Abraham de Lot pour qu'il n'y ait pas de querelles entre des frères, prêts à voler pourtant au secours de Lot au premier signal de danger.

Soyons unis pour la fin, séparés dans les moyens d'atteindre cette fin; unis pour la revendication de nos privilèges, séparés dans les moyens de les revendiquer; unis pour demander nos droits scolaires, séparés dans nos écoles; unis dans la fédération de nos forces catholiques, séparés dans les différentes sociétés qui la composent; unis dans la religion, séparés dans les églises, autant que Rome nous le permettra; unis enfin pour combattre l'ennemi commun, séparés sur le champ de bataille, sous nos chefs respectifs, avec les armes qui s'adaptent à notre tempérament.

Je voudrais, avant de mourir, essayer de ce système. J'espèrerais voir bientôt la justice et la paix se rencontrer dans un fraternel baiser.

(...)

Élie-Anicet LATULIPE

Congrès de février 1919
Association canadienne-française d'Éducation de l'Ontario, Imprimerie du *Droit*, Ottawa 1919.

Samuel Genest (1865-1937)

Président de la Commission des écoles séparées d'Ottawa pendant dix-huit ans, notamment durant toute la crise du Règlement XVII (1912-1927), Samuel Genest est traîné en cour et accusé d'avoir rémunéré des enseignants sans que ceux-ci n'aient endossé l'inique règlementation. Fort de l'appui de ses frères et soeurs, il résiste aux machinations du gouvernement et mène la bataille jusqu'au bout, jusqu'à la victoire. Samuel Genest fut brièvement à la tête de l'ACFEO en 1919, puis de nouveau président de l'Association en 1932-1933.

Premiers bénéficiaires de longues années de lutte et de sacrifices innombrables que s'est imposé M. Genest, quelque 3 000 élèves des écoles séparées d'Ottawa rendent un vibrant hommage, le 27 février 1933, à "celui qui a veillé d'un soin jaloux à la sauvegarde du parler français". Visiblement ému par ce témoignage de la jeunesse écolière, et des plus reconnaissant envers les mères canadiennes-françaises, Samuel Genest s'exprime alors en ces termes:

En défendant votre langue vous avez défendu votre Église

Réellement, je ne sais trop comment exprimer la grande reconnaissance que je ressens en ce moment. Il me fait grand plaisir de voir réunis ici ces chers professeurs, religieuses, frères et laïques et cette foule de petits enfants. Cette démonstration, je ne la prends pas pour moi, mais pour le grand principe qui s'est posé devant nous quand nous avons été persécutés, quand les pères et mères sont venus revendiquer les droits de la famille, qui sont étroitement liés à ceux de l'Église. En défendant votre langue, vous avez défendu l'Église.

Il ne faut pas que la langue française, ce legs précieux de nos ancêtres, soit reléguée dans l'ombre. Si nous voulons honorer nos ancêtres, nous devons sauvegarder notre langue et nos droits. Soyez des catholiques sincères, suivez vos évêques, votre clergé et tous ceux qui dirigent vos âmes et vous ne vous tromperez pas.

Dans la lutte que nous avons eu à soutenir, nous avons eu l'aide des mères de famille. J'ai moi-même eu des déboires, des moments de découragement, mais il en est une qui a su remonter mon courage, c'est mon épouse qui est ici présente, et je suis heureux de pouvoir lui rendre cet hommage public. À côté de moi, elle représentait toutes les mères de famille dans la défense d'une cause sacrée.

J'achève ma carrière et quand je fermerai les yeux je me réjouirai en pensant que j'ai vu, sous le toit de notre plus belle institution d'Ontario, notre grande Université bilingue, réunis tous ces enfants dont les pères et les mères ont eu à combattre pour conserver leur langue maternelle.

Nous laissons après nous des patriotes convaincus. C'est vous qui serez appelés à nous succéder. Montrez pour la défense de vos droits le même conrage que ces mères de famille dans la prise de l'école Guigues. On a pu dire qu'elles ont gagné leur bataille et j'en donne crédit à la noble race canadienne-française.

Je profite de cette occasion pour vous donner un conseil. Les vrais fils de l'Angleterre appartiennent à une race noble et fière. Si vous voulez être respectés quand vous avez des droits à revendiquer, quand vous défendez la langue française et catholique, dites-leur que c'est un droit de famille qui est attaqué, un droit sacré, et que nous insistons pour conserver ce qui nous appartient. Alors la race anglaise vous considérera comme son égal.

Oui, quand je partirai, je verserai des larmes de joie en pensant qu'il y aura encore des patriotes pour continuer l'oeuvre commencée. Nous devons une grande dette de reconnaissance aux institutrices qui ont dirigé les enfants pendant nos luttes scolaires. Elles ont aidé à remporter le succès. Qu'il me soit permis ici de leur rendre un hommage public et de leur dire qu'elles ont travaillé à la plus belle des causes.

L'Association canadienne-française d'Éducation a été l'âme du combat. Je m'en voudrais de ne pas mentionner ici le travail énorme accompli dans l'ombre par les autorités de cette association. Soyez reconnaissants envers l'Association d'Éducation. Supportez-la par tous les moyens possibles. C'est la seule arme que nous avons aujourd'hui avec notre journal *Le Droit* qui a livré un combat de géant. Vous ferez oeuvre éminemment patriotique en appuyant ces deux institutions.

Samuel GENEST

Le Droit, 28 février 1933

L'honorable Gustave Lacasse
(1890-1953)

A la fois médecin, journaliste et sénateur, Gustave Lacasse épouse
la cause des Franco-Ontariens dès son arrivée à Windsor, en
1913. Surnommé le "Lion de la Péninsule", il devient le plus
éloquent porte-parole des francophones du Sud-Ouest.
Fondateur de *La Feuille d'érable* (1931), vice-président de
l'ACFEO, promoteur par excellence des concours de français,
l'honorable Gustave Lacasse se fait l'ardent défenseur des droits
linguistiques de la minorité franco-ontarienne.

Les écrits du sénateur Lacasse sont nombreux et variés: discours
politiques, allocutions patriotiques, éditoriaux engagés, poèmes
nationalistes, etc... Trois extraits sont ici présentés. Le premier porte
sur la langue et l'esprit français en Ontario, sujet abordé par le
sénateur lors du deuxième Congrès de la langue française au Canada,
le 1er juillet 1937. Il rend hommage aux chefs de file que furent les
Landry, Belcourt et Latulipe. Les deux autres extraits sont tirés de *La
Feuille d'érable* et sont signés Jean de Fierbois, un des douze
pseudonymes du sénateur. L'un et l'autre invitent les lecteurs à se
rallier derrière l'ACFEO.

Le souvenir des braves

(...)Le cri de Dollard retentit encore à nos oreilles françaises et nous voulons, par notre courage irréductible, être dignes de chanter le sien! C'est dans cet idéal patriotique que nous puisons notre force et notre détermination, nous nourrissant de la pensée que nous sommes l'avant garde de nouveaux bataillons héroïques plutôt que les derniers grognards d'une armée vaincue... et, de grâce! même si c'est une illusion, qu'on nous la laisse, afin que nous ne mourions pas d'abrutissement comme tant d'autres! La flamme même vacillante reste, jusqu'à ce qu'elle agonise, une source de chaleur et de lumière à laquelle peuvent toujours s'allumer de nouveaux espoirs!..

Quand nous élevons le regard, d'ailleurs, au delà de l'horizon de notre petit finistère tant éprouvé, nous sommes impressionnés par les gains que fait continuellement notre élément dans notre province en général, et cette constatation stimule notre courage et raffermit nos espérances. Nous avons souligné au début notre substantielle augmentation de population en Ontario depuis un quart de siècle. D'autre part, sur le terrain civil et politique, jamais nous n'avons occupé des positions plus avantageuses. Les Franco-Ontariens ont enfin réussi à faire reconnaître leurs droits de représentation dans la haute magistrature, et, pour la première fois depuis la Confédération, comptent-ils un aussi grand nombre des leurs dans les parlements de la nation: deux sénateurs et quatorze députés. Il y a, il est vrai, d'autres terrains où nos appels demeurent sans écho...

On admet assez généralement qu'au Canada français la conservation de la langue ancestrale est intimement liée à la conservation de la foi. Il reste encore cependant ici et là des "personnages", réclamant assez d'autorité, qui refusent de partager cette opinion et qui vont même jusqu'à prétendre que l'union religieuse exige, au moins en dehors du Québec, la douloureuse et cruelle abdication des droits et des traditions de notre race. Qu'on me permette de dire ici que je n'envie ni le rôle ni la responsabilité de ceux qui s'évertuent avec une ferveur toujours nouvelle à opérer chez nous ce divorce tragique des traditions françaises et de la foi ancestrale. Malheur à ceux qui prêchent l'"union sacrée" dans l'abandon de droits consacrés par quatre siècles d'héroïques sacrifices et de fidèle abnégation! Notre foi religieuse demeurera d'autant plus invincible et féconde que notre foi française sera sa constante compagne et son indéfectible réconfort. D'ailleurs - et de très respectables autorités ecclésiastiques corroborent ce jugement - tout peuple qui perd sa langue et les vertus traditionnelles qui lui sont connexes, devient fatalement un peuple sans caractère, sans idéal et sans fierté.

Je ne veux pas insister outre mesure sur cet aspect de la question, de même que je ne désire que signaler nos progrès dans leur ensemble, et aussi discrètement que possible. Je refuse, en effet, de tomber dans notre erreur habituelle et de souligner trop tapageusement les victoires remportées. À quoi sert-il de célébrer nos vertus si nous oublions de pratiquer celle de la solidarité fraternelle qui doit toujours nous unir dans la revendication des mêmes droits et dans l'accomplissement des mêmes devoirs?...

Il est intéressant d'observer, Mesdames et Messieurs, que, pendant que nous nous inquiétons du sort de notre race et de la survivance de nos traditions religieuses, domestiques et nationales, certains de nos concitoyens éminents de langue anglaise prédisent froidement - c'est-à-dire sans enthousiasme - que d'ici à cinquante ou cent ans les Canadiens-français tiendront le haut du pavé dans la Confédération. Évidemment ces calculs peuvent bien être inexacts, et de nombreux facteurs - telle l'immigration en masse, qui est chez nous la grande et la plus dangereuse rivale du berceau - atténuent considérablement la plausibilité de cette prédiction. Mais puisons quand même dans ces expressions d'opinion une leçon d'optimisme en même temps qu'un nouvel élément de confiance. Que l'esprit de conquête, d'ostracisme ou de simple domination cependant - là où nous sommes le nombre - demeure le moindre de nos défauts, et gardons-nous de nous rendre coupables des méfaits que nous condamnons chez les autres. Soyons toujours justes et charitables dans notre commerce avec nos concitoyens d'autres races, bien que jamais, par lâcheté, ignorance ou cupidité nous ne devions mettre notre drapeau dans notre poche, et toujours sachons revendiquer nos droits, affirmer nos volontés et prendre notre place légitime au soleil. Et remarquez que ces prérogatives et ces droits nous sont concédés par tous les esprits justes et clairvoyants: "Le Canada ne peut prospérer sans que l'élément français ne soit légitimement satisfait de la place qui lui est accordée dans la vie collective de la nation", déclare le professeur W.-F. Osborne. Et "Nous n'avons pas au Canada une nation, mais bien deux - deux peuples, deux civilisations, deux Canadas: l'un français et l'autre anglais", dit de son côté le professeur A.-L. Burt. Enfin le colonel Bovey affirme que "tout Anglo-Canadien qui refuse ou néglige d'apprendre le français se condamne à ne jamais comprendre la riche mentalité de ses concitoyens de langue française et (que) nous n'aurons jamais de sentiment véritablement national au Canada tant que durera cet état de choses".

(...)Si tant est qu'il est vrai que l'école demeure le bastion sur lequel se gagnent ou se perdent les batailles pour la survivance d'une race, on ne peut parler de la langue et de l'esprit français en Ontario sans évoquer le souvenir des braves qui s'identifièrent avec nos luttes scolaires et qui tombèrent au service de la commune cause. Leur grande ombre semble planer en ce moment sur ce vaste auditoire... et souffrez que je les interroge et que je les fasse, pour quelques brefs instants, revenir à la vie.

N'est-ce pas toi, Landry, qui, invité à te mettre à la tête de tes compatriotes de la province ontarienne, les galvanisas d'enthousiasme et de fierté en répondant: "Si jamais il me fallait choisir entre la présidence du Sénat et la présidence de l'Association d'Éducation, je sais bien ce que je ferais...", et puis à ceux qui exprimaient leur intrépide volonté de continuer la lutte même après l'échec de leur cause au Conseil Privé, ne dis-tu pas simplement: "J'accepte alors d'être des vôtres".

Et toi, Belcourt, qui mourus sous le harnais, après t'être plusieurs fois succédé à toi-même comme chef respecté des Franco-Ontariens - et qui te fis un jour agent de liaison auprès de tes contitoyens Anglo-Canadiens pour multiplier les sympathies envers les tiens - ne laissas-tu pas tomber de tes lèvres un soir, en t'adressant à tes collègues du Sénat, cette parole chargée de tristesse et de désenchantement: "J'ai été des vôtres, pour ainsi dire, pendant douze ans, je faisais partie de vos clubs, je prenais part à votre vie mondaine et sociale, je souscrivais à toutes vos eouvres, dans une pensée sincère d'union et de rapprochement. Or, lorsqu'arrivaient les élections, j'allais vous demander à tous votre appui, mais vous m'avez toujours répondu: "Ah! excusez moi, j'ai beaucoup d'amitié pour vous, mais vous savez ce que c'est, vous êtes Français, je suis obligé de voter pour un des nôtres"," parole qui porte le sceau d'une implacable condamnation.

Et toi, enfin, vénérable et doux prélat du Nord, dont la vie déclinante fut accablée d'épreuves, Latulipe, ne répètes-tu pas à ton peuple bien-aimé, en cette mémorable et solennelle circonstance, ce message infiniment réconfortant que tu rapportas un jour de Rome: "J'ai tant souffert que je suis allé déverser mon âme dans celle de notre Père commun... Je lui exposai, telle que je la connais, la question de nos écoles; je lui dis notre lutte dans tous ses détails, les raisons que nous croyons avoir de résister à l'anglicisation, et le pape me répondit: "Je pense exactement comme vous" ... et j'ai senti qu'un poids immense cessait de peser sur mon âme."

Il convient que je cite encore à l'ordre du jour d'autres noms vénérés que la reconnaissance de notre peuple franco-ontarien conserve comme des joyaux précieux dans l'écrin de son héroïque histoire, noms de prêtres patriotes tombés au champ d'honneur, noms de vaillants lutteurs, invincibles jusque dans la mort, ce sont les Charlebois, les Meunier, les Beaudoin, les Emery, les Armstrong, les Freeland, les Genest, et tant d'autres auxquels l'historien donnera leurs justes places dans le martyrologe canadien. Chacun de ces noms immortels marque une étape de notre épopée franco-ontarienne, et notre voeu le plus ardent aujourd'hui est que ces fiers chevaliers - nobles défenseurs de la même aimable Reine que nous entourons de nos hommages - aient dans les générations qui viennent après eux des successeurs dignes de continuer leur grande oeuvre de régénération française et de survivance catholique. Rappelons-nous en effet, que, s'il est beau de s'inspirer du passé, ce serait injuste, lâche, déloyal et malhonnête à la fois de vivre uniquement de lui, comme de riches héritiers qui se contentent de couler une existence paisible, confortable et oisive, à même un patrimoine laborieusement accumulé, sans jamais poser un acte de dévouement et de générosité pour ajouter à leurs richesses au profit de ceux qui viendront après eux.

Gustave LACASSE

Deuxième Congrès de la langue française au Canada, Québec, juin-juillet 1937, Compte rendu du Congrès, Québec, 1938.

Rallions-nous!

Ceux qui assistèrent au dixième congrès général de l'Association canadienne-française d'Ontario, de même que ceux qui en lurent les rapports dans les journaux, se rendirent compte de la belle activité et de la force acquise de cette progressive organisation. Le succès de ce dernier ralliement franco-ontarien fut surtout marqué par les deux faits suivants: caractère exceptionnellement représentatif des nombreuses délégations qui y participèrent et substance des travaux qui y furent présentés par les divers rapporteurs. On vit en effet assister aux quatre séances d'étude du congrès des délégués venus de tous les coins de la province, même des régions les plus éloignées de la capitale - Sault Sainte-Marie, Hearst, Kapuskasing, Cochrane, Timmins, Welland, Windsor - et tous manifestèrent un égal intérêt aux problèmes discutés. Ces problèmes furent d'ailleurs étudiés de main de maître par les orateurs qui se succédèrent à la tribune. On accorda de même beaucoup d'attention aux résolutions présentées par le comité qui avait été nommé à cette fin. (...)

Évidemment il n'y a pas de congrès sans de gros ou petits "anicroches", et le congrès des 17 et 18 octobre dernier ne fait pas exception à cette règle générale. Il n'y a pas lieu cependant de souligner plus qu'il ne faut les quelques aspects moins intéressants du congrès, étant donné que "errare humanum est". (...)

C'est avec la plus grande sincérité du monde que nous affirmons, d'autre part, que l'Association possède dans la personne de son nouveau président et de ses principaux lieutenants un chef et un état-major dignes de la confiance de tous les Franco-Ontariens. Nul ne connaît plus à fond la question scolaire ontarienne que M. Ernest C. Desormeaux et nous invitons loyalement tous nos amis à s'incliner devant sa longue expérience, son grand sens diplomatique, sa prudente sagacité et son dévouement à toute épreuve. Que notre mot d'ordre soit donc le suivant: RALLIONS-NOUS avec un nouvel enthousiasme autour de la même victorieuse bannière et inspirons-nous de l'idéal qui souffle toujours dans ses plis.

Jean de FIERBOIS

L'A.C.F.E.O.

Il est évident, quant à nous, que le salut de notre groupe ethnique et religieux dans ce coin isolé d'Ontario réside dans le maintien de nos contacts avec les groupes français et catholiques de l'extérieur, groupes beaucoup plus forts et mieux organisés que le nôtre. Les ennemis de notre survivance comprennent tellement cette vérité qu'ils ne cessent par tous les moyens possibles - sans excepter le recours à la stimulation des préjugés régionaux et le dévergondage d'injures à l'adresse des Canadiens de langue française du Québec, comme on en vit un si triste exemple pendant la guerre - d'essayer d'aliéner notre sympathie envers ces groupes et de nous isoler d'autant plus, afin que nous soyons plus définitivement à leur merci. Et malheur à celui qui ose lever la tête et éclairer ses compatriotes sur ce danger! On a tôt fait de s'acharner de toutes parts contre lui et de le jeter en pâture à l'odium populaire (...)

Parmi les organismes auxquels nous venons de faire allusion, il y en a un qui invite, plus que tout autre, notre entière, active et loyale adhésion: nous venons parler de l'Association canadienne-française d'Éducation d'Ontario. Cette association a été en effet, depuis sa fondation en 1910, la gardienne vigilante et courageuse de nos écoles constamment menacées, en même temps que l'infatigable inspiratrice de la "résistance" franco-ontarienne. Ses états-de-service au cours de ces trois ou quatre décades la recommandent à notre confiance et lui donnent droit à notre généreux appui. (...)

Bien des entreprises sollicitent en ce moment notre assistance financière, mais nous n'en connaissons pas de plus méritoire que celle-là, pour nous Franco-Ontariens - comme certains événements inattendus pourraient bien le prouver de nouveau avant longtemps...

Jean de FIERBOIS

La Feuille d'érable, 13 février 1947.

L'honorable Joseph-Raoul Hurtubise
(1882-1955)

Médecin à Verner et à Sudbury, président de la Commission
scolaire, député de 1930 à 1945, puis sénateur jusqu'à sa mort,
Joseph-Raoul Hurtubise exerce une profonde influence dans son
milieu qu'est le Nouvel-Ontario. Aimé autant de ses collabora-
teurs qu'estimé de ses concitoyens, français comme anglais, il
donne une vive impulsion à l'essor de l'enseignement dans la
langue de Molière. De cet ancien vice-président de l'ACFEO,
Camille L'Heureux a écrit qu'il est "un type de Canadien comme il
s'en rencontre peu de nos jours: praticien de talent, ardent
patriote et gentilhomme accompli" (*Le Droit*, 12 juin 1945).

Le docteur Hurtubise publie, dans les années 1930, un essai sur "Les
Canadiens français et le Nouvel-Ontario". Au cours de son exposé, il
en profite pour rendre hommage à ceux qui se préoccupèrent du sort
de notre nationalité au moment où elle fut mise dramatiquement en
jeu. Mais le député trace surtout la voie à suivre dans ces moments
difficiles de la dépression. Le discours que tient monsieur Hurtubise
est révélateur d'une certaine école de pensée.

Le Nouvel-Ontario

(...)Il serait oiseux de vous faire l'historique des combinaisons et des machinations qui s'ourdissaient dans l'ombre pour nous faire la lutte, et la législature provinciale était loin de nous être sympathique. C'est cette attaque concertée qui provoqua le réveil national, la fondation de l'Association d'Éducation et, plus tard, celle du journal *le Droit*, son porte-parole.

J'eus l'honneur d'assister au premier congrès de 1910 et à tous les autres qui se succédèrent depuis, et je me flatte d'avoir été un des vice-présidents de l'Association pendant une quinzaine d'années, ce qui me donna l'occasion de voir à l'oeuvre les Charlebois, les Belcourt, les Landry, les Genest, les Latulipe, pour ne mentionner que les principaux parmi les disparus, et de m'associer de près aux dirigeants de la bataille au cours des années sombres où le sort de notre nationalité était dramatiquement en jeu.

Nous eûmes un premier espoir de victoire en 1927, comme résultat de l'enquête Scott-Merchant-Côté. Peu à peu le ciel devint plus serein et nous enregistrâmes des gains encore plus substantiels: l'École Normale d'Ottawa fut fondée, nos personnels enseignants et nos inspecteurs d'écoles devinrent plus compétents, et voici même qu'un éditeur de manuels scolaires plus conformes à nos besoins était nommé, ainsi qu'un directeur de l'enseignement français. En somme, grâce à la persécution, nous avons fait plus de progrès, comme race, de 1910 à 1939, que nous n'en avions fait de 1850 à 1910.

Nos trois cent cinquante mille compatriotes continueront-ils leur marche ascendante vers la complète reconnaissance de leurs droits par leurs concitoyens de langue anglaise? Réussiront-ils non seulement à conserver mais à augmenter leur héritage français? Telles sont les questions que nous nous posons aujourd'hui, et non sans quelque inquiétude. Nombreux cependant sont les motifs d'espérer. Les Franco-Ontariens ont maintenant à leur disposition plusieurs organismes qui, sans être parfaits, leur ont déjà rendu de grands services, et la sympathie dont ils sont l'objet en haut lieu leur est une source de confiance et de réconfort. Ils possèdent d'ailleurs, et même en dehors de la forteresse outaouaise, des moyens de défense de tout premier ordre.

Dans l'Extrême-Sud, d'intrépides et vaillants patriotes fondèrent il y a plus de huit ans, - c'est-à-dire en pleine crise, - un journal qui fait d'excellente besogne et dont l'opiniâtre endurance et la patriotique fierté sont des garanties de survivance, j'ai nommé *La Feuille d'Érable*. Dans le Nord, un collège classique, dirigé par les révérends Pères Jésuites, le collège du Sacré-Coeur de Sudbury, fait l'orgueil de la région et nous prépare chaque année des hommes de profession et des industriels capables en peu d'années de changer la face d'un jeune pays. Nous augmentons numériquement partout. Nos familles, grâce à Dieu, ne cessent pas d'être nombreuses et, si elles augmentaient au rythme de celle de mon bon ami et électeur Dionne, nous aurions vite fait de fonder chez nous un empire français de taille à prendre soin de toutes nos autres minorités au Canada.

Après ces considérations générales, que j'ai crues nécessaires pour vous faire mieux comprendre l'importance des nôtres dans le Nouvel-Ontario, laissez-moi vous dire tout de suite que nous possédons des paroisses bien organisées, des curés pour la plupart zélés, instruits et patriotes, une classe de dirigeants agressive, ambitieuse et magnifiquement disposée. Industriels, commerçants, professionnels, tous sont de plus en plus soucieux de se tailler, pour eux-mêmes et pour la race, la place qui leur revient dans leur vaste province. (...)

Du point de vue matériel, nous possédons des richesses inouïes, telles que nos forêts, nos chutes d'eau, nos mines, surtout celle de l'International Nickel Co., vaste entreprise capitalisée à quelques centaines de millions de dollars, qui donne au monde 90% de toute la production du nickel, procure de l'ouvrage à une dizaine de mille hommes, et paie en salaires mensuels la somme d'un million et demi.

Le Nord, comme vous le constatez, a fait un progrès énorme depuis cinquante ans. D'autre part, je me demande si, en certains domaines, celui de l'agriculture par exemple, nous n'avons pas rétrogradé. Je suis porté à croire que l'octroi d'allocations de chômage est en train de rendre notre population moins laborieuse, moins courageuse, et de la démoraliser. Il y a un danger chez nous qui n'existe pas dans les parties de la province depuis longtemps colonisées. Nos grands centres urbains, qui vivent de l'industrie des mines, hébergent une population cosmopolite, venue surtout de l'Europe Centrale, qui n'a pas nos moeurs et qui se fait la propagatrice d'idées subversives. Nos compatriotes qui désertent la terre sont les compagnons de travail de ces gens-là et s'entretiennent avec eux de toutes sortes de théories nouvelles. Aussi ne vous cacherai-je pas que je ne suis pas sans entretenir quelque inquiétude à ce sujet. Les temps difficiles que nous traversons, le manque de travail, et la misère qui s'ensuit, sont de nature à pervertir encore davantage le bon esprit qui a toujours existé chez nous. Puisse la prospérité, qui commence à poindre, ramener à leurs anciens principes ceux de nos compatriotes qui auraient pu se laisser séduire par la promesse de châteaux en Espagne... ou ailleurs.

Pour ma part, je suis loin de désespérer. Les maux dont nous souffrons, en effet, sont des maux passagers. Les qualités que nous possédons, par contre, qualités toutes catholiques et françaises, ont poussé dans le terroir de si profondes racines qu'elles constituent un puissant facteur de permanence et de stabilité. C'est donc à nous de trouver les remèdes à nos maux. Notre clergé, d'abord, a toute l'autorité nécessaire pour bien diriger nos gens en ces temps difficiles, dans la famille, dans la paroisse et dans la société. Notre presse française et catholique est assez répandue pour lancer par la province les mots d'ordre qui éclairent les esprits et blindent les coeurs de courage et d'espoir. Nos organisations nationales sont assez bien dirigées pour faire la lutte d'une manière effective, pour conserver notre avoir et augmenter notre héritage. Notre peuple, en un mot, a assez de foi dans l'âme et de patriotisme au coeur pour comprendre l'intérêt qu'il a de se liguer avec ses chefs religieux et laïques. (...)

Que notre clergé continue de se recruter parmi nos braves familles canadiennes-françaises, afin de prolonger cette lignée de prêtres, d'apôtres, et de colonisateurs qui ont dirigé nos gens à travers les écueils semés sur leur route. Aujourd'hui comme hier, l'homme de Dieu demeure notre meilleur rempart contre l'athéisme, le mensonge et l'anarchie. Que nos hommes de profession, - avocats, médecins, professeurs, - continuent à s'inspirer des saines directives de nos maisons d'enseignement. Que nos industriels et nos commerçants rivalisent avec leurs émules par leur travail et leur honnêteté, afin d'occuper la place qui leur revient dans la vie économique de la nation. Que nos cultivateurs, eux aussi, s'appliquent à adopter dans leur travail de chaque jour les méthodes les plus modernes, laissant de côté leurs habitudes routinières qui les ont tenus en arrière depuis trop longtemps, et qu'ils continuent à se concerter afin de conquérir, une fois pour toutes, sur les différents marchés, une belle réputation pour leurs produits. Aux ouvriers, en attendant un rajustement du système économique de notre pays, je recommande de patienter, de ne pas faire le jeu de nos ennemis, qui leur tendent toutes sortes de pièges pour les entraîner vers le communisme.

Quand nous pourrons montrer du doigt un peu partout, parmi les nôtres, des gens honnêtes et dévoués à leurs devoirs d'état et à leur race, nous pourrons alors nous enorgueillir et dire sans crainte que nous ne cédons le pas à personne.

Nous pourrons alors espérer en une coopération loyale entre les différents éléments de notre communauté canadienne, et marcher avec assurance vers l'idéal de nos ancêtres. (...)

Dr Raoul HURTUBISE

Les Canadiens français et le Nouvel-Ontario,L'Oeuvre des tracts, No 244, Montréal, octobre 1939.

Victor Barrette (1888-1958)

Entré au journal *Le Droit* en 1921, Victor Barrette dirige les pages agricole, religieuse, littéraire et puis, de loin son travail de prédilection, la page des jeunes qu'il signe sous le pseudonyme d'Oncle Jean. Fondateur de plus de 300 sections juvéniles dans les écoles bilingues de l'Ontario, Victor Barrette fait preuve d'une éloquence remarquable, que ce soit au congrès de l'Association catholique de la jeunesse, au monument de Dollard, à Carillon, sur la tombe de Samuel Genest ou de Jeanne Lajoie.

En 1947, la Société historique du Nouvel-Ontario publie un texte de Victor Barrette intitulé "Moi, Franco-Ontarien - mes droits, mes devoirs". Cet opuscule résume la pensée du journaliste en matière de nationalisme, celle de toute une époque, d'ailleurs. On voit comment la langue et la religion sont intimement mêlées à la reconnaissance du Franco-Ontarien, notamment en ce qui a trait à ses devoirs. Voici de larges extraits du "guide patriotique" des Canadiens français de l'Ontario, au milieu du siècle.

Moi, Franco-Ontarien
mes devoirs
mes droits

Qui suis-je
moi, Franco-Ontarien?

À cette question, je réponds : le Franco-Ontarien a des droits et des devoirs égaux à ceux des Anglo-Ontariens, surtout parce qu'il appartient à une race dont l'existence a été sanctionnée par l'Acte de l'Amérique du Nord; comme citoyen partenaire, de sang français et de langue française, il possède le droit et le devoir de servir le pays en général, et la province en particulier selon les dons que cet individu a reçus du ciel et de la nature, et selon les richesses de sa personnalité. Un Franco-Ontarien n'est pas un "out-law", ni un privilégié.

Ces droits constitutionnels viennent appuyer un droit naturel que possède tout homme de parler sa langue maternelle et de s'en servir pour développer ses qualités d'esprit et d'âme, et ainsi contribuer à la prospérité de son pays.

Voilà ce qu'il faut ne jamais oublier. De cette simple constatation, on n'a qu'à tirer les conclusions suivantes:

Premièrement, puisque la loi me reconnaît pleinement et spécifiquement le titre de premier citoyen canadien, elle m'autorise à conserver ce titre et me presse de le faire valoir. Si je néglige l'un ou l'autre de ces soins, je manque à mon devoir et je perds mes droits. Je compte moins pour elle que l'Indien et l'Esquimau tenus en tutelle.

Deuxièmement, il s'ensuit que les moyens, justifiés par les droits qui émanent de la nature et de la constitution, doivent m'aider à garder et à faire valoir mon titre de citoyen égal aux premiers citoyens.

Troisièmement, me rappelant que le Canada (et non une partie de son territoire) est ma patrie, et que la constitution de la patrie canadienne n'a pas été faite sans les miens, j'ai donc le droit d'user de tous les privilèges propres aux citoyens du Canada, c'est-à-dire de travailler selon ma mentalité et mes talents, à mon propre perfectionnement et à celui de mes concitoyens. Seule, cette liberté fera de moi, Franco-Ontarien, un collaborateur puissant et heureux.

Quatrièmement, si, pour moi, la langue française a été la gardienne de ma pensée canadienne, loyale vis-à-vis de l'autorité, bienfaisante à l'ensemble de mes concitoyens, en même temps que cause inépuisable de progrès de toute sorte, c'est mon devoir strict de citoyen canadien de langue française de faire tous les sacrifices possibles pour assurer en moi et en ceux qui me ressemblent le maintien et le développement de ma langue maternelle. Selon les circonstances, je suis tenu à défendre pour moi ou pour les miens, en quelque endroit que ce soit du Canada, le droit de parler, d'apprendre, d'enseigner et de propager le français, à titre de langue maternelle.

En cinquème lieu, fort de ce droit, je considérerai comme essentielle à la conservation de mon âme canadienne-française et de mon esprit canadien, l'école qui m'assure, et elle seule, l'apprentissage de ma langue maternelle. Et, par école, je n'entends pas seulement les murs, les livres et le maître, mais le milieu, les choses et les personnes d'esprit correspondant au mien, donc les Canadiens et les Franco-Ontariens de langue et d'esprit français. Et ceci, sans jamais causer de préjudice à mes concitoyens d'autres langues.

En toutes ces mesures - et c'est la sixième considération à retenir - je devrai me rappeler que mon droit à l'éducation canadienne et ontarienne de langue française dépasse le texte des lois, les caprices de la politique et les prétendus droits de la majorité. Me souvenir aussi que la langue étant porteuse d'une culture, du fait que je sacrifierais quelque peu les droits de ma langue maternelle, je perdrais en même temps ceux de la culture qu'elle inspire et nourrit: et que pendant que je provoquerais en moi-même une diminution de ma personnalité, je paralyserais en moi-même le libre exercice de mes talents, de sorte que je ne pourrais plus offrir, à mes concitoyens de langue française et de langue anglaise, qu'un service amoindri et une collaboration gênée. Il n'y a pas d'alternative: ou être ce que je suis par nature et par droit constitutionnel comme par tradition et intérêt bien compris, ou n'être qu'un individu sans idéal précis. C'est une dangereuse illusion que de vouloir appartenir à deux races, parce qu'il ne faut cesser, pour rétablir l'harmonie, de rogner sur les exigences de l'une ou de l'autre; à ce compte, on ne parvient pas à donner sa pleine mesure.

Que faire pour être bons Franco-Ontariens?

Les devoirs propres aux Franco-Ontariens sont de nature multiple et, sans prétendre les exposer présentement avec la mesure de grandeur qui leur convient, essayons du moins de les présenter avec précision et clarté.

Du côté religieux, montrons-nous le peuple le plus obstinément fidèle aux commandements de Dieu et aux lois de l'Église. Le salut des peuples est semblable à celui des familles, il repose sur la valeur morale des individus et des familles. Seule, la religion peut assurer la permanence et le progrès du spirituel. Catholiques et chrétiens, voilà ce que nous devons être. Catholiques, donc soumis à l'autorité ecclésiastique; chrétiens intégraux, c'est-à-dire adversaires des doctrines et des moeurs opposées à l'Évangile. Catholiques et chrétiens agissants et désintéressés, donc se dévouant à toutes les oeuvres et les soutenant d'une inépuisable générosité. Dans ce but, établir hardiment le règne de Dieu au foyer, à l'école, et dans la vie publique, vie des affaires, vie de la politique, etc. Être partout ce que nos devons être. De plus, prendre ou garder le premier rang par l'esprit chrétien, par l'apostolat chrétien. Recommencer notre histoire de premier peuple baptisé et premier baptisant en Amérique du Nord.

On s'élèverait difficilement à cet idéal, si l'on se privait du bonheur d'orner son esprit de science et son coeur de vertus. Dans l'ordre de l'intelligence, nous avons des obligations très graves. Nous vivons en face d'une civilisation étrangère brillante et à tendances dominatrices. Ce n'est pas un grand mal, si nous osons lutter à armes égales, et cela est relativement facile. Notre culture française n'est inférieure en rien; c'est d'elle qu'est faite la civilisation européenne. Nous n'avons pas à en rougir. Il nous faut quand même l'entretenir et la développer en nous. Ainsi, pour faire oeuvre de bon citoyen, le Canadien de langue française de l'Ontario se doit de profiter de toutes les circonstances pour enrichir le domaine intellectuel de sa race. Après la religion, la culture, la science, la compétence, par l'école à tous degrés. Des voix anglaises du pays et d'au-delà des mers nous le redisent: nous sommes chargés de maintenir sur ce continent le flambeau de la culture et de la civilisation françaises. Manquer à cette mission serait pour notre peuple la cause de sa déchéance et de sa perte. N'ayons pas peur de l'intelligence et de la science.

Nationalement, nous ne pouvons être mieux défendus que par nous-mêmes. Défendons-nous d'abord contre nous-mêmes, contre ces ennemis intérieurs: l'individualisme jaloux et destructeur, l'esprit de parti, la paresse intellectuelle, le goût de l'à peu près, la vie de plaisir, etc. Défendons-nous de l'erreur à la mode du jour: chercher son salut en des mariages hasardeux, d'où sortira une race fatalement sans idéal et sans nerfs, sans passion nationale. Défendons-nous contre la manie de mépriser nos institutions canadiennes-françaises, nos sociétés à nous, et la manie non moins sotte de leur préférer tout ce qui est étranger de langue et d'esprit. Défendons-nous contre notre inexplicable engouement pour les clubs neutres, les divertissements étrangers, la littérature légère. Défendons-nous contre ce préjugé: savoir l'anglais est ici plus nécessaire que savoir le français.

Mais à l'action "contre", ajoutons l'action "pour", l'action constructive. Rallions-nous, organisons-nous. Marchons avec l'Association canadienne-française d'Éducation d'Ontario. Favorisons nos Saint-Jean-Baptiste, nos sociétés historiques, nos fédérations des femmes canadiennes-françaises, etc. Soutenons la presse de langue française. Encourageons nos maisons d'affaires et, au besoin, fondons des syndicats d'achat et de vente. Protégeons l'argent canadien-français. Tenons à nos écoles bilingues, au français à l'école dans toutes les classes; conservons tous et chacun de nos privilèges; améliorons notre système d'enseignement, plutôt que de fréquenter des écoles où nous ne pourrons pas grandir en pleine atmosphère française. Faisons place au cinéma français plutôt qu'au théâtre anglo-yanki. Réclamons hardiment tous nos droits sans crainte; gardons nos traditions familiales.

En toutes choses, l'argent est nécessaire, dit un proverbe très sage. Souvenons-nous que le groupe français d'Ontario compte plus de 375,000 âmes. Voilà une clientèle qu'aucune maison de commerce ne dédaignera. Or, savons-nous utiliser notre argent? Pour nous ou contre nous? Que faisons-nous pour l'accroître? Est-il utile, tout d'abord, à nos oeuvres nationales? N'est-il pas semé au petit bonheur? Combien de fois part-il pour ne jamais plus revenir? Avons-nous la notion de la valeur sociale de l'argent? Nous n'avons jamais cessé de créer des millionnaires chez les étrangers; en même temps, demandons-nous comment nous nous comportons envers les nôtres. Comprenons-nous le prix de l'association, de la coopération? Qu'est-ce que nous disent ces mots: richesses nationales, mouvements nationaux, solidarité nationale? Croyons-nous qu'à mépriser les petites mises en banque, nous allons acheter, argent comptant, la terre du voisin, faire instruire nos fils et nos filles? Pouvons-nous excuser davantage le gaspillage sous toutes ses formes, la frénésie du luxe, l'imprévoyance manifestée de tant de manières, surtout par nos jeunes? Notre nation a tout à gagner si elle revient à ses traditions d'économie et de prudence.

Nous sommes donc riches, puisque nous gaspillons tant! Mais à nous corriger de ce défaut, nous pourrions prendre une place d'honneur parmi les nationalités qui pensent patriotiquement au lendemain et qui, pour obtenir ce résultat, encouragent les études commerciales et techniques supérieures. Pour qui aime sa nationalité, la seule place qui lui convienne dans l'ordre économique comme dans tous les autres, c'est la première. Ayons de l'ambition.

Il est bien d'autres circonstances où le Franco-Ontarien devra faire geste de patriotisme éveillé. Mais de tous les moyens mis à sa disposition, le meilleur c'est l'éducation intégralement française de l'enfance et de la jeunesse. L'école est le bastion de la race. Sans l'école, primaire et secondaire, nous serions anglicisés et protestantisés, comme le sont déjà plus de 45,000 Canadiens français en cette province. C'est pourquoi la lutte pour une école bien à nous, améliorée, à esprit de plus en plus national, doit nourrir nos communes et quotidiennes préoccupations. Ne nous permettons jamais la moindre imprudence; ne cédons aucun de nos droits et privilèges; ne confions personne des nôtres à des écoles neutres; que tous les sacrifices soient consentis pour favoriser chez nos jeunes l'accession aux classes supérieures; créons une élite de la pensée et de la science et que cette élite revienne dans son milieu originel pour le faire profiter de ce qu'elle a appris. Gardons nos enfants dans le rayonnement de l'école catholique de langue française, que ce soit dans le cours universitaire comme au cours primaire. Préparons-nous des chefs par les études classiques, formatrices du véritable esprit français. Prolongeons l'influence de l'école dans nos sociétés nationales aussi bien qu'au foyer. Enveloppons-nous d'idéalisme français, et croyons que c'est ainsi que nous nous défendrons victorieusement contre nos ennemis du dedans et du dehors.

Enfin, croyons en notre race, en sa beauté, en sa force, en son génie de longue et féconde patience, d'amour du travail et de l'ordre en son destin de toujours, qui est de faire triompher la civilisation chrétienne héritée d'ancêtres dont nous n'avons qu'à rester dignes pour que nous demeurions, au Canada et en cette province, des citoyens modèles et fiers.

Victor **BARRETTE**

Moi, Franco-Ontarien, Collection-ontarienne, No 2, Société historique du Nouvel-Ontario, Sudbury, 1947.

Louis Charbonneau (1891-1984)

Successivement professeur de pédagogie, inspecteur d'écoles, rédacteur de manuels scolaires, puis traducteur, Louis Charbonneau a été intimement mêlé à la vie franco-ontarienne, avant et après le Règlement XVII. Il fut secrétaire adjoint de l'ACFEO et vice-président de l'organisme, participant activement à la fondation de plusieurs sociétés affiliées.

À l'occasion du 40e anniversaire de fondation de l'Association canadienne-française d'Éducation de l'Ontario, M. Louis Charbonneau est membre du comité exécutif et livre un important discours sur le progrès de l'enseignement bilingue en Ontario, de 1910 à 1950. On trouvera, ci-après, de larges extraits de son allocution prononcée le 19 février 1950, à l'Académie de La Salle d'Ottawa. Il passe en revue les revendications des Franco-Ontariens en 1910, les luttes autour du Règlement XVII et les acquis depuis 1927. Chiffres à l'appui, monsieur Charbonneau brosse un tableau assez reluisant du régime scolaire bilingue en Ontario, tel qu'il existait au milieu du siècle.

Bilan de l'enseignement bilingue

La situation actuelle des écoles bilingues de l'Ontario ne se comprend bien que si on la compare à la situation qui existait en 1910, lors de la fondation de l'Association d'Éducation. Cette situation de 1910 est exposée dans le Rapport du Premier Congrès de notre Association tenu à Ottawa les 18, 19 et 20 janvier 1910.

Le Comité d'organisation du Congrès avait été incapable d'établir une statistique exacte du nombre d'élèves et de classes bilingues, mais les rapporteurs estimaient le nombre des élèves des écoles primaires bilingues à 25,000, dont quelques centaines seulement se trouvaient dans les 9e et 10e années en vue de la préparation à la profession de l'enseignement. Le système d'enseignement bilingue était bien rudimentaire. En voici un bref exposé.

1. L'enseignement du français, dans un cours primaire de huit ans, sans programme bien défini et sans examen à la fin du cours.

2. L'emploi de la langue française comme langue d'enseignement dans les quatre premières années environ, c'est-à-dire jusqu'à ce que les élèves fussent en état de suivre le programme d'études en anglais.

3. Un cours secondaire de deux ans seulement (9e et 10e années) presque exclusivement anglais pour préparer les élèves à l'admission aux écoles de formation pédagogique.

4. Trois écoles de formation pédagogique dites bilingues, mais où le français était réduit à sa plus simple expression, pour préparer en un an des institutrices bilingues de 3e classe.

5. Trois inspecteurs d'écoles de langue française pour visiter toutes les écoles bilingues. C'est dire qu'un grand nombre d'écoles fréquentées par des élèves de langue française n'étaient pas sous leur juridiction et qu'un grand nombre de ces élèves ne recevaient aucun enseignement français.

Le Congrès de 1910 réclama:

1. Un programme de français satisfaisant pour le cours primaire.

2. L'usage du français aussi bien que de l'anglais comme langue d'enseignement et de comunication.

3. La reconnaissance du français à l'Exament d'entrée ou Examen

d'admission au cours secondaire.

4. Un programme de français satisfaisant au cours secondaire.

5. La nomination d'un nombre suffisant d'inspecteurs bilingues pour diriger toutes les écoles fréquentées par des élèves canadiens français.

6. L'amélioration, au point de vue français, des écoles de formation pédagogique et la fondation, aussitôt que possible, d'une école normale bilingue qui donnerait des brevets de deuxième classe, après quatre ans de cours secondaire et un an de pédagogie, et des brevets de première classe, après cinq ans de cours secondaire et un an de pédagogie.

Telles étaient les réclamations de l'Association en 1910. Ces demandes ne furent pas exaucées immédiatement. Nous demandions une règlementation plus juste et plus raisonnable. On nous accorda une règlementation plus sévère et plus vexatoire. Les Franco-Ontariens furent traités comme l'enfant de l'Évangile qui demande un poisson et à qui son père donne un scorpion. Le scorpion fut le règlement 17. Il fallut lutter, résister, pétitionner, solliciter, plaider jusqu'au pied du trône pour obtenir enfin ce que nous avion demandé. Nos demandes furent exaucées en 1927 par le Rapport Merchant-Scott-Côté. Depuis cette date, depuis 22 ans, l'histoire des écoles bilingues a été une suite de progrès constants. Nous avons aujourd'hui:

1. A l'école primaire, un programme d'enseignement bilingue permettant aux élèves qui le suivent d'apprendre à parler, à lire et à écrire le français et l'anglais d'une façon convenable. Les finissants de nos écoles primaires savent suffisamment de français pour être admis sans difficulté dans des institutions d'enseignement secondaire où le français prédomine.

2. La reconnaissance du français comme langue d'enseignement et de communication sur une base laissée à la discrétion du personnel enseignant. Ce système a permis d'obtenir une amélioration constante de l'enseignement, non seulement du français, mais même de l'anglais.

3. La reconnaissance du français à l'égal de l'anglais aux examens qui terminent le cours primaire.

4. Un programme de français pour les cinq années du cours secondaire. Ce programme est assez avancé pour que ceux qui l'ont suivi puissent continuer leurs études classiques dans des institutions où le français est la langue dominante. Après ce cours de quatre ou cinq ans, les étudiants peuvent être admis à l'École Normale bilingue.

5. Un nombre suffisant d'inspecteurs bilingues pour toutes les écoles bilingues de la province. Ce nombre a passé de 3, en 1927, à 14 en 1950. De plus, il y a un inspecteur bilingue pour les écoles

secondaires, un directeur de l'enseignement de la musique pour les écoles bilingues, un directeur bilingue pour l'enseignement populaire ou post-scolaire et, à la tête du système, un directeur de l'enseignement français qui remplit réellement les fonctions de directeur général des écoles bilingues.

6. Un école normale bilingue qui a formé depuis 1927 plus de 3,000 instituteurs et institutrices.

7. Une procédure permettant aux commissions scolaires d'obtenir l'autorisation de faire inscrire leurs écoles sur la liste des écoles bilingues. Ainsi, en 1949, une vingtaine d'écoles ont été ajoutées à la liste des écoles qui peuvent suivre le programme d'enseignement bilingue et qui sont sous la direction d'instituteurs et d'inspecteurs bilingues.

Voilà le régime actuel de l'enseignement bilingue en Ontario depuis 1927. (...)

À ce bilan, il faut ajouter les organismes de défense qui veillent avec un soin jaloux sur l'héritage culturel franco-ontarien.

Il y a d'abord notre Association d'Éducation, qui est l'association de tous les pères de famille Franco-Ontariens. C'est l'Association qui a dressé, en 1910, la liste de nos revendications; c'est elle qui a résisté efficacement au Règlement 17 de 1912 à 1927; c'est elle qui, par son indomptable résistance, a préparé l'avènement du réglement réparateur de 1927; c'est elle qui continue, en 1950, son rôle de vigilante sentinelle. Le Comité exécutif de l'Association est l'état-major qui dirige l'ensemble des opérations sur le front franco-ontarien. Son activité ne ralentit pas. Elle étudie en ce moment le projet de réforme annoncé par le ministre de l'Éducation et le rapport intérimaire de la Commission Hope sur les moyens de faire face à la pénurie d'instituteurs.

Le Comité exécutif est assisté par ses 26 Comités régionaux, qui accomplissent une besogne de surveillance, de coordination et d'organisation, chacun dans son territoire respectif. Les Sociétés Saint-Jean Baptiste, partout où il y en a, comme à Ottawa, remplissent les fonctions de Comité régional de l'Association d'Éducation. Ce sont des bataillons d'élite qui accomplissent dans le domaine régional ce que l'Association d'Éducation accomplit dans le domaine provincial.

Mais là ne s'arrête pas le réseau de défense qui s'est érigé autour de l'école franco-ontarienne. Depuis dix ans, l'Association de l'Enseignement français groupe nos 1,800 instituteurs bilingues en vue de l'amélioration de leur compétence pédagogique aussi bien que pour la défense de leurs intérêts professionnels. Et cette Association a reçu la reconnaissance officielle de l'État; elle fait partie intégrante de l'Ontario Teachers' Federation. Cinq de ses membres font partie du

Conseil d'administration de cette fédération du corps enseignant des écoles primaires et secondaires de la province. Il ne peut y avoir de reconnaissance plus explicite du système d'enseignement bilingue. Non seulement est-il reconnu par le ministère de l'Éducation; il est accepté comme une entité distincte par le corps professionnel.

Plus récemment, en 1944, les Commissaires des écoles bilingues se sont formés en association et se réunissent chaque année en congrès pour étudier les lois et les règlements scolaires et devenir de meilleurs administrateurs des écoles bilingues franco-ontariennes.

Ces deux dernières associations, avec la Fédération des Sociétés Saint-Jean Baptiste, la Fédération des Femmes canadiennes-françaises et l'Union des cultivateurs franco-ontariens ont voix au chapitre de l'Association d'Éducation et constituent avec elle une armée composée d'unités spécialisée mais tendant au même objectif.

Le dernier développement, et non le moindre, est l'organisation de Comités de parents dans chaque localité. Ces Comités ont pour but de fournir aux pères et aux mères de famille les notions essentielles de la pédagogie familiale pour qu'ils puissent exercer plus efficacement leur difficile métier de parents en collaboration avec l'Église et avec l'École.

Telle est l'organisation scolaire que les Franco-Ontariens ont pu élaborer dans les cadres des lois et des règlements de la province. À cette organisation officielle est venue s'ajouter toute une floraison d'écoles indépendantes: académies, couvents et pensionnats, et les écoles de haut savoir: le Collège des Jésuites de Sudbury et l'Université d'Ottawa avec ses collèges destinés à la jeunesse féminine.

Cette organisation ne s'est pas faite en un jour. Elle est le fruit d'un siècle d'efforts. Elle est en progrès continuel et marche avec intrépidité vers de nouvelles conquêtes. Déjà elle a formé des générations d'honnêtes ouvriers et de braves cultivateurs, des hommes de commerce et des fonctionnaires, des milliers d'instituteurs et un grand nombre de professeurs. L'un d'eux est actuellement le président de l'Association des langues modernes des États-Unis. Notre directeur de l'Enseignement français est actuellement le vice-président de l'Association des Éducateurs de langue française du Canada. La petite école franco-ontarienne a préparé dans ses modestes murs des enfants qui sont devenus médecins, hommes de loi et journalistes; elle a préparé des prêtres et des évêques et des centaines de religieux et de religieuses; elle a préparé des législateurs municipaux, provinciaux et fédéraux, des juges qui siègent dans tous les tribunaux de la province, des membres du Sénat et des ministres de la Couronne qui font honneur à leur petite patrie de Windsor, de Sudbury ou de Cornwall en servant d'une façon remarquable et méritoire la grande patrie canadienne.

En travaillant au progrès de l'enseignement bilingue dans les écoles franco-ontariennes, l'Association d'Éducation fait une oeuvre doublement patriotique; elle travaille au maintien de l'héritage culturel catholique et français en terre d'Amérique et elle contribue à fournir des citoyens utiles à la confédération canadienne.

Mais la plupart des écoles bilingues sont en même temps des écoles séparées, c'est-à-dire des écoles publiques confessionnelles. Depuis sa fondation, l'Association a travaillé sans relâche à la préservation des droits acquis de ces écoles confessionnelles et à obtenir pour ces écoles un appui financier conforme à l'esprit de la loi et conforme aussi à la justice et au droit naturel. La situation financière de l'école séparée est toujours dans le *statu quo*. L'Association d'Éducation continue de réclamer les rajustements nécessaires. De concert avec l'Association des catholiques de langue anglaise, elle a présenté nos revendications à plusieurs reprises au gouvernement de la province et à la Commission Royale d'enquête sur l'éducation qui siège depuis cinq ans. Ces revendications sont résumées dans le dernier paragraphe du Mémoire que l'Association vient de publier à l'accasion de la réorganisation du système scolaire. Le voici:

"L'Association d'Éducation exprime le voeu que, à l'occasion de cette réorganisation, le ministre de l'Éducation révisera le système de distribution des subventions scolaires pour les villes, en vue de faire disparaître l'inégalité de traitement à cet égard entre les contribuables des écoles rurales et ceux des villes. Elle espère que le Gouvernement, qui a beaucoup fait pour régler le problème financier des écoles rurales, s'attaquera enfin à la question du partage des taxes des corporations et des compagnies d'utilité publique et la règlera sur une base équitable. C'est par la solution de ce problème que le Gouvernement pourra mettre à la portée de tous les élèves de la Province l'égalité de chance en matière d'éducation." (...)

Puissent ces voeux s'accomplir à l'occasion du 40e anniversaire de la fondation de l'Association d'Éducation. Que les Franco-Ontariens s'efforcent de mériter cette grâce à l'occasion de l'Année sainte, qui doit être sur la terre une année de justice et de paix pour tous les hommes de bonne volonté!

Louis CHARBONNEAU

Les progrès de l'enseignement bilingue en Ontario de 1910 à 1950, Association canadienne-française d'éducation d'Ontario, Imprimerie *Le Droit*, Ottawa, 1950.

Aimé Arvisais (1909-1975)

Professeur de littérature et de mathématique à l'école secondaire de l'Université d'Ottawa dès l'âge de 20 ans, Aimé Arvisais se voue entièrement au monde de l'éducation. Il y déploiera surtout ses talents d'administrateur, notamment comme secrétaire-trésorier des commissions scolaires d'Ottawa et de Vanier (Eastview). De 1937 à 1940, Aimé Arvisais remplit les fonctions de secrétaire de l'ACFEO, puis celles de président, de 1959 à 1963. Il a été longtemps administrateur de l'Union du Canada.

Le 21 avril 1960, dans la salle de bal du Château Laurier, plus de mille convives prennent part au grand banquet du cinquantième anniversaire de l'ACFEO. En tant que président général, monsieur Arvisais brosse un tableau de la situation scolaire en Ontario français. En voici le portrait.

À la première ligne

Mesdames et Messieurs, vous êtes venus nombreux à ces fêtes du Cinquantenaire de notre Association d'Éducation et votre présence est un puissant témoignage. Déjà, cinquante années se sont écoulées depuis qu'un groupe de francs compatriotes ont organisé, en 1910, cette Association d'Éducation qui a joué un rôle de première importance dans l'épanouissement de la minorité franco-ontarienne. J'imagine que plusieurs, il y a cinquante ans, ne croyaient pas à la vitalité de cette Association et que même, oserions-nous dire, des défaitistes prédisaient à cette aventure la plus lamentable faillite. Grâce à Dieu, néanmoins, ce fut un succès. Mais comment expliquer ce succès sinon par l'esprit et la mentalité des dirigeants de l'Association d'Éducation qui ont toujours travaillé à la défense des traditions et de la langue française afin de mieux protéger la foi des Franco-Ontariens. Loin de nous la pensée d'affirmer que la foi est essentiellement liée à une langue quelconque, mais nous sommes convaincus que pour notre peuple il y a, entre la langue et la foi, un lien moral ou lien de protection.

En 1910, l'Association d'Éducation a porté son attention toute particulière sur le problème scolaire, sur l'enseignement donné à nos enfants. Dans ce domaine, elle a toujours suivi les enseignements de notre mère la Sainte Église. Il y a toute une architecture spirituelle dans ces enseignements. Pour l'Église, l'éducation des enfants est la rénovation du monde et l'éducateur fait bien de méditer souvent la dignité de sa charge et les avantages extrêmes de son travail; de se rappeler tout ce que Dieu, tout ce que la jeunesse qui est confiée à son influence sont en droit d'attendre de lui. L'histoire nous apprend que les précepteurs des princes et des rois recevaient d'incomparables honneurs et un suprême respect. Or, tout ce que le maître compte d'écoliers dans sa classe, est la petitesse même. Leur grandeur est cependant celle des rois, bien plus, celle des fils de Dieu. C'est parce que l'Association d'Éducation a compris la pensée de l'Église qu'elle a été bénie dans son travail d'éducation. En 1910, nous avions des écoles bilingues dans 13 comtés sur 51; le français était enseigné par 640 instituteurs ou institutrices dans 345 écoles publiques ou séparées et dans quelques couvents et académies; nous avions une population franco-ontarienne de 255,000 et une population scolaire de 25,000 enfants, et 3 inspecteurs d'écoles.

Aujourd'hui, en 1960, nous avons une population de 530,000 Franco-Ontariens et une population scolaire de 80,000 enfants dans les écoles primaires; 8,080 dans les écoles secondaires. (Nous comptons) 1 surintendant-adjoint de l'Enseignement primaire, 1 directeur de l'Enseignement français, 2 inspecteurs bilingues des écoles secondaires, 1 directeur adjoint de l'Enseignement de la Musique, 23 inspecteurs d'écoles bilingues primaires, 11 professeurs à l'École normale, 384 élèves à l'École normale, 82 professeurs canadiens-français dans les High Schools, 64 dans les écoles secondaires privées bilingues, 31 High Schools bilingues, 32 écoles secondaires privées bilingues, 2,799 instituteurs primaires bilingues, 573 écoles bilingues, dont 514 sont séparées bilingues et 59 sont publiques bilingues, 2,681 classes bilingues, 435 commissions d'écoles bilingues et 114 écoles bilingues avec 5e cours.

Depuis 1938, 22 concours provinciaux de français ont été tenus pour les écoles primaires, et depuis 1943, 17 concours ont été tenus pour les écoles secondaires.

Nous avons 4,858 enfants dans les jardins d'enfants.

Afin de reconnaître le travail de nos instituteurs et institutrices, l'Association d'Éducation a établi, en 1946, l'Ordre du Mérite Scolaire. Depuis ce temps, 96 diplômes à titre de très méritant et 533 à titre bien méritant ont été octroyés.

Pour assurer l'enseignement bilingue à nos enfants, il fallait augmenter le nombre des élèves à l'École Normale et c'est pourquoi, en 1953, l'Association d'Éducation a établi une Caisse de prêts d'honneur afin d'aider les jeunes gens et les jeunes filles qui veulent se vouer à l'enseignement secondaire, à l'enseignement primaire, à l'enseignement de l'agriculture, à suivre des cours spécialisés. Dans ce domaine, l'Association d'Éducation a fait 449 prêts pour l'École Normale et 140 prêts garantis par l'Association d'Éducation, ce qui représente une somme de $216,300.

L'enseignement dans nos écoles est un enseignement bilingue. Nous voulons garder à nos enfants le trésor de leur langue maternelle. C'est par la langue de nos pères que nous prétendons vivre, nous instruire, nous développer, progresser à côté de nos compatriotes de langue anglaise ou autre; nos pères ne sont plus, mais avant de nous céder le pas, ils nous ont commandé de remplir notre tâche qui est de protéger l'école bilingue. Ils nous ont préparé l'arme dont ils s'étaient servis, l'arme du dévouement, du sacrifice, de l'abnégation. Nous avons compris la nécessité de garder cette arme, au lieu de la laisser tomber dans la poussière de l'indifférence, et de l'exposer à se rouiller comme se rouille la moisson tardive quand viennent les trop grandes fraîcheurs des nuits ou le soleil des jours ardents.

Afin d'intensifier le culte de la langue française, le Docteur Robert Gauthier a organisé, en 1938, un Concours provincial de français sous les auspices du ministère de l'Éducation. Tenu régulièrement, chaque année, depuis cette date et ouvert aux élèves de 8ième année, dans toutes les écoles bilingues, 82,000 élèves ont pris part à ces concours.

Depuis 1942, un concours analogue existe au niveau secondaire et jusqu'ici le nombre de concurrents a été de 8,700 élèves.

Les bourses octroyées aux vainqueurs de ces concours sont données par l'Association d'Éducation. Au niveau primaire, 88 lauréats ont reçu des bourses et 38 au niveau secondaire: ce qui représente une somme de 50,000 dollars. Si on ajoute cette somme à celle des prêts d'honneur, nous avons le montant de $266,300, plus d'un quart de million.

Et nous continuerons dans la même voie, car jamais nous n'abandonnerons nos écoles au point de vue catholique et au point de vue français.

Avec l'école, nous avons voulu édifier des paroisses. En 1910, nous avions dans l'Ontario 125 paroisses; aujourd'hui nous en comptons plus de 235. En ces dernières années, des paroisses nouvelles ont pris naissance dans l'est, dans le nord, dans l'ouest de l'Ontario, dans la région de Hamilton, de Port-Colborne, de Niagara-Falls, de Windsor, d'Oshawa, de Kingston. Nous voulons ici rendre un hommage tout particulier à Nos Seigneurs les Évêques, à Messieurs les curés qui par leurs directives et par leur ministère ont gardé à nos compatriotes une foi vivante. L'Association d'Éducation a toujours reçu des pasteurs de nos diverses paroisses une collaboration sincère qui nous a soutenus dans les moments difficiles. Nous les en remercions vivement.

Une enquête faite à travers la province, en ces dernières années, nous a révélé l'existence de groupements importants de Canadiens français qui vivent dans ce que nous avons appelé des centres isolés et par "centres isolés" nous voulons dire des centres où nos compatriotes vivent dangereusement et pour leur langue et pour leur foi. Que faire pour les protéger? L'Association d'Éducation a eu recours à la formule du club social. Déjà nous comptons un bon nombre de ces clubs sociaux franco-ontariens, à savoir, le Club Saint-Laurent, à Bancroft; le Club Père Marquette, à Belleville; le Club Champlain, à Brockville; le Club La Salle, à Hamilton; l'Association Le Carillon, à Hamilton; le Club Champlain, à Kingston; le Club Champlain, à Oshawa; le Club Champlain, à Ottawa; le Club Brébeuf, à Penetanguishene; le Club La Salle, à St. Catharines; le Club Joliet, à Sarnia; le Club La Salle, à Sudbury; le Club Rouillé, à Toronto; le Club Champlain, à London.

Nous avons encore plus de 45 centres de ce genre à organiser. C'est donc dire que le travail à réaliser est encore abondant. D'autre part, l'Association, depuis 1910, n'a pas failli à sa tâche et elle continuera de se tenir à la première ligne afin de garder aux Franco-Ontariens leur richesse catholique et française. Dans son glorieux passé, l'Association n'a jamais cessé, par sa constance et son labeur, de protéger nos foyers et nos droits. Notre foi, notre croyance en Dieu, notre attachement à nos traditions, notre respect de la vérité, la confiance en notre destinée nous permettent de lever les yeux vers le ciel de l'avenir avec une confiance inébranlable. Mais il faut travailler dans l'union, dans la compréhension des uns et des autres, car le jour où les cadres de cette union s'ébranleront, notre faillite nationale pèsera sur chacun de nous de tout le poids d'une responsabilité collective. Que tous les Franco-Ontariens travaillent donc à l'unisson, d'une même volonté, d'un même coeur et les années qui viennent seront porteuses d'une abondante moisson.

Avant de terminer, je voudrais remercier publiquement mes collègues du Conseil d'administration de l'Association d'Éducation qui m'apportent toujours leur précieuse collaboration.

Ils ne ménagent ni leurs efforts ni leur temps en vue d'aider leurs compatriotes franco-ontariens. Je voudrais aussi offir un témoignage de reconnaissance à la congrégation des Pères Oblats de Marie-Immaculée. Depuis 1916, un père oblat est chef du secrétariat de notre association. De 1916 à 1934, ce fut l'infatigable Père Charlebois, l'âme de la survivance franco-ontarienne; de 1934 à 1944 ce fut le Père Joyal, avec qui j'ai eu le plaisir de travailler, et de 1944 jusqu'à nos jours, nous avons encore un père oblat, c'est le Révérend Père Gustave Sauvé. Que la Congrégation des Oblats accepte donc ce témoignage de reconnaissance que nous lui rendons. Permettez aussi que je remercie notre secrétaire général, qui s'est dévoué sans compter depuis près d'une vingtaine d'années, M. Roger Charbonneau, et aussi son personnel au secrétariat qui jamais n'a reculé devant la tâche et qui n'a jamais compté son temps lorsque nous lui avons demandé un effort supplémentaire. C'est ainsi, mesdames et messieurs, qu'ensemble nous travaillons dans une parfaite union de pensée et d'esprit pour le plus grand bien de l'Église et de notre patrie et afin, comme je le disais et comme je me plais à le répéter, de garder le dépôt.

Aimé ARVISAIS

Rapport général des fêtes du Cinquantenaire et du quinzième Congrès général, Association canadienne-française d'Éducation d'Ontario, 20, 21 et 22 avril 1960.

Me Roger N. Séguin (1913-   )

Avocat, homme d'affaires et administrateur, Roger N. Séguin a consacré une partie importante de son activité au domaine de l'éducation, notamment à l'élaboration d'un système équitable pour le financement de nos écoles et à l'établissement d'un réseau d'écoles secondaires publiques françaises. Premier Franco-Ontarien à devenir membre du Bureau des gouverneurs de la Société Radio-Canada, il siégea au conseil d'administration de plusieurs autres institutions, dont le Conseil des Arts de l'Ontario. Me Roger N. Séguin assuma la présidence de l'ACFO durant sept ans, soit de 1963 à 1971.

Deux courts textes de monsieur Séguin ont été retenus pour le présent ouvrage. Le premier est un rapport sur l'avenir de la vie économique des Franco-Ontariens, présenté lors du quinzième congrès général de l'ACFEO, le 22 avril 1960. Si certaines données font quelque peu sourire aujourd'hui, il reste pas moins que la "vision économique" d'alors demeure assez fidèle à la réalité, vingt-cinq ans plus tard. Le second texte est une allocution prononcée par le président de l'ACFO, le 21 mars 1968, lors du banquet de la Solidarité française. Intitulé "Nos écoles secondaires de demain", ce discours énonce les deux conditions nécessaires à l'épanouissement de la communauté franco-ontarienne, à l'aube du régime des écoles secondaires publiques (annoncé le 24 août 1967 par le Premier Ministre John Robarts).

L'avenir de la vie économique

Essayer de déterminer quelle sera au juste la situation économique des Franco-Ontariens dans un avenir prochain ou éloigné, est une tâche d'autant difficile que les données actuelles du problème manquent. À notre connaissance, il n'y a jamais eu d'étude approfondie ou d'enquête scientifique dirigée par des universités sur la situation exacte des Franco-Ontariens. Bien plus, même en ce qui concerne la province de Québec, les études de ce genre sont assez limitées et se résument à quelques études des universités Laval, Montréal et McGill et à des enquêtes organisées par des sociétés nationales.

Cependant, à l'aide de quelques renseignements que nous avons sur la question, il est possible d'établir quel sera l'avenir économique des Franco-Ontariens et de quelle manière notre économie doit être orientée pour donner à notre groupement un rendement économique maximum.

Si nous considérons l'économie nord-américaine dans son ensemble, nous nous apercevons immédiatement qu'elle est dominée par des entreprises de type "capitalisme privé". Dans quelques domaines, le capitalisme d'État joue un rôle ainsi que les coopératives d'épargne ou de consommation. Cependant, la sphère du capitalisme d'État, ainsi que celle des coopératives, même si elle tend à augmenter, ne représentent qu'une infime section de l'ensemble de la situation. C'est donc dire que l'avenir économique des Franco-Ontariens sera déterminé en très grande partie par leur capacité de pénétrer cette branche de notre économie dite de "capitalisme privé". D'autant plus que, contrairement à leurs compatriotes de la province de Québec, ils ne contrôlent pas les cadres étatiques de la province, sauf dans de rares municipalités. Donc, toute une partie du programme adopté dans la province de Québec au sujet de la nationalisation des ressources naturelles et des services publics ne peut affecter notre situation économique, ici en Ontario, sauf encore une fois à l'échelon municipal. Il s'agit en ce qui concerne les municipalités, de services publics - tels l'électricité et le transport. Dans le domaine des coopératives, nous devons avouer que, dans l'ensemble du Canada français, et contrairement à ce qui s'est passé dans certains pays, notamment la Suède, nous n'avons pas réussi à implanter des coopératives de consommation ou de services publics ou d'industries, telles les épiceries-boucheries, les coopératives d'habitation, les coopératives de production. Il y a certainement eu des réussites partielles, mais ces réussites ne représentent qu'un mince pourcentage de l'ensemble de l'économie.

Par ailleurs, dans le domaine des coopératives d'épargne, nous avons obtenu un franc succès, grâce aux caisses populaires. Mais là encore nous sommes en retard en ce qui concerne les fonds mutuels et même les sociétés mutuelles d'assurance.

Nous avons dit, au commencement de cette conférence, que nous devons déterminer l'avenir économique des Franco-Ontariens à l'aide seulement de quelques données sur la situation actuelle des Canadiens français. Nous ne savons pas quels tableaux on vous a brossés de notre situation actuelle et nous allons vous en donner un résumé et ensuite essayer de projeter cette situation actuelle dans l'avenir. Nous allons examiner tour à tour le *pouvoir d'achat des Franco-Ontariens et les épargnes qu'ils contrôlent.*

Pouvoir d'achat

Comme il n'y a aucune étude existante à ce sujet, nous nous sommes basés sur les résultats de la cinquième session tenue par la Fédération des Sociétés Saint-Jean-Baptiste du Québec, à Val David, les 3 et 4 septembre 1959. Nous partons des données suivantes:

Les Franco-Ontariens et les Canadiens français du Québec font partie de la même région économique, le Canada central, et sont dans une situation économique à peu près identique. L'Interprovincial Broadcast Sales Limited indiquait que le pouvoir d'achat des Canadiens français en 1953 était de l'ordre de cinq milliards - ceci pour l'ensemble du pays. En 1960, cela représente un pouvoir d'achat de six milliards. Le revenu moyen des Canadiens tel qu'il a été établi par les dernières statistiques est de l'ordre de $3,800 par année. Selon M. Louis-A. Belisle, on peut à l'aide de ce revenu moyen, en se basant sur la moyenne des contribuables qui travaillent par rapport aux enfants, femmes, malades, chômeurs et vieillards incapables de gagner, établir un revenu d'environ $1,300 par tête de population. C'est donc dire que, si l'on prend pour acquis une population franco-ontarienne d'un demi-million, nous en arrivons à un pouvoir d'achat des Franco-Ontariens de l'ordre de 650 millions par année. Cette moyenne est assez juste, si l'on tient compte des chiffres de l'Interprovincial Broadcast Sales Limited, qui donnait un pouvoir d'achat de 6 milliards pour l'ensemble des Canadiens français, et si on se souvient que les Franco-Ontariens forment environ 10 p. 100 du Canada français.

Quel sera ce pouvoir d'achat dans vingt ans? Nous basant sur la courbe d'augmentation de population du Canada français, nous observons que ce dernier double, en moyenne, sa population tous les 35 ans. Ainsi nous sommes passés d'environ 1,300,000 en 1901 à 2,300,000 en 1931 et 3,300,000 en 1951 et aujourd'hui à une population dépassant 5,000,000. C'est donc dire que, dans une trentaine d'années d'ici, le Canada français aura atteint une population d'environ 10,000,000. Et il y aura à ce moment 1,000,000 de Franco-Ontariens avec un pouvoir d'achat variant d'un milliard et demi à deux milliards de dollars par année.

Nous ne pouvons rien changer à ces chiffres. Ils représentent la courbe normale et naturelle de l'expansion économique et démographique du Canada dans son ensemble et du Canada français en particulier. Cependant, nous pouvons déterminer nous-mêmes notre avenir, en sachant utiliser ce pouvoir d'achat et en l'orientant.

Notre contrôle de l'épargne

La clef de tout développement économique des individus comme des collectivités réside aussi bien dans le volume des investissemtns qu'ils font que dans la fréquence de ces investissements. De même qu'on dit que le pouvoir économique d'un individu ne réside pas tellement dans l'argent qu'il possède, mais bien dans l'argent qu'il contrôle, même s'il n'en est pas propriétaire, de même l'avenir d'une collectivité dépend autant de l'épargne qu'elle contrôle que de l'épargne qu'elle possède. Même si les Canadiens français possèdent individuellement énormément de capitaux, si ces capitaux ne sont pas groupés dans des institutions qu'eux-mêmes dirigent et ensuite ne sont pas orientés vers des activités économiques qu'ils contrôlent, leur avoir économique à ce moment ne leur sert pas à grand-chose.

Nous basant toujours sur les analyses faites lors de la session de Val David en 1959 et plus particulièrement sur l'étude de Patrick Allan, nous voyons que les Canadiens français qui possèdent de 15 à 20 p. 100 des épargnes investies dans des entreprises industrielles et commerciales, contrôlent seulement 5 p. 100 de ces investissements. Selon Patrick Allan et selon M. J. Melançon dans une étude publiée dans l'*Actualité économique*, janvier-mars 1956, page 514, les actifs contrôlés par des institutions d'épargne canadiennes-françaises se totalisaient en 1959 à près de 3 milliards de dollars.

De ces actifs environ 90 p. 100 étaient détenus dans des institutions soit d'assurances, soit de fiducie, des compagnies de prêts, des banques, des caisses populaires.

Notre participation à ce mode d'épargne, d'investissement ou de placement que représente le fonds mutuel, ainsi que les sociétés de gestion, est extrêmement récente. Dans ce domaine, nous sommes en retard d'au moins une vingtaine d'années. Ici encore notre avenir économique dépend, non pas tellement de ce que nous possédons ou de la quantité d'argent que nous avons, mais de la manière dont nous allons employer cet argent.

Vous réalisez sans doute que les investissements de compagnies d'assurances, de prêts, de fiducie, de banques commerciales et de caisses populaires sont d'ordinaire des investissements sous forme de prêts hypothécaires, d'achats d'obligations et d'actions privilégiées et, pour une partie infime, d'actions communes.

Si les prêts hypothécaires et l'achat d'obligations et d'actions privilégiées représentent un excellent placement, cela ne donne aucun contrôle sur le commerce ou l'industrie. C'est donc dire que nous sommes dans l'obligation de réorienter l'utilisation que nous faisons de nos épargnes, de manière à en consacrer une plus forte partie à des investissements collectifs par le truchement de fonds mutuels et de sociétés de gestion dans des entreprises industrielles et commerciales.

Nous avons parlé en termes généraux de l'épargne contrôlée par les Canadiens français. En ce qui concerne les Franco-Ontariens, nous pouvons encore une fois dire que ces derniers possèdent 300 millions de dollars d'épargnes et que dans une trentaine d'années d'ici, ils contrôleront un actif variant de 800,000,000 à un milliard de dollars. Dans ce domaine, nous sommes évidemment tributaires de la province de Québec, parce que la plupart de nos entreprises de finance ont leur siège social ainsi que le gros de leur actif dans cette province.

Cependant, rien ne nous interdit de travailler à faire progresser, dans la mesure du possible, nos propres institutions dans ce domaine.

En résumé, nous avons donné les grandes lignes de ce que sera l'avenir des Franco-Ontariens, en ce qui a trait à l'orientation qu'ils devront donner à leur pouvoir d'achat et à leurs épargnes. La mise en oeuvre de cette orientation devra se faire selon les circonstances s'appliquant à chaque milieu économique et géographique de l'Ontario.

Roger N. SÉGUIN

Rapport général des fêtes du Cinquantenaire et du quinzième Congrès général, Association canadienne-française d'Éducation d'Ontario, 20, 21 et 22 avril 1960.

Nos écoles secondaires de demain

Le vingtième congrès annuel de l'Association canadienne-française d'Éducation d'Ontario vient de se terminer. Les commissaires d'écoles, les enseignants, les parents et maîtres, les divers secteurs de la vie franco-ontarienne ont connu ces jours-ci des activités intenses. En cette première année du deuxième centenaire du Canada, pour nous de l'Ontario, c'est vraiment un nouveau départ qui ouvre des horizons nouveaux.

Ce soir, voici que tous nous sommes réunis pour le banquet de la solidarité française. Il est vrai que nous oeuvrons dans des secteurs diversifiés de la vie française en Ontario, mais ce soir, nous voulons resserrer les rangs, nous partageons la même table pour partager davantage les mêmes idées, la même action.

Vous dire que nous en sommes à un tournant de notre vie française en Ontario, à l'heure actuelle, ne serait que constater l'évidence. L'action vigilante de nos devanciers, héroïques à certaines heures, persévérants surtout, amène à l'heure présente un déblocage qui ouvre vraiment des horizons nouveaux, pour ne pas dire inespérés, à notre vie française en Ontario.

Nous croyons que l'avènement de l'école secondaire bilingue, qui devrait débuter dès septembre prochain (ce fut le sujet de nos débats et démarches à nous tous, au cours de ces dernières années et encore cette année), nous croyons, dis-je, que l'école secondaire bilingue devrait et doit apporter à la population franco-ontarienne un épanouissement dont elle rêve depuis longtemps.

J'ajoute immédiatement que cet épanouissement ne se réalisera qu'à deux conditions.

Il ne suffit pas que la loi reconnaisse le principe d'écoles bilingues. Il faut d'abord que ce régime d'école réponde vraiment aux besoins des Franco-Ontariens et que des garanties sérieuses lui soient assurées dans son fonctionnement. C'est la première condition, c'est aussi le but des tractations qui sont ou seront en cours à ce sujet. Évidemment, il faut être réaliste, et se dire que la situation idéale ne pourra probablement pas être réalisée tout d'un coup. Il faudra user de circonspection, de clairvoyance comme de patience pour en arriver au but que nous nous proposons. Il ne semble pas qu'il y ait à l'heure actuelle de portes vraiment fermées; à nous d'y pénétrer si possible ou du moins d'y mettre le pied, quitte à réussir à faire ouvrir ces portes toutes grandes dans l'avenir.

La deuxième condition est non moins importante et d'elle en définitive dépend le succès de ces écoles. Cette deuxième condition c'est que notre population utilise ces écoles, qu'elle les utilise au maximum. En d'autres mots, il ne servirait à rien d'avoir une loi pour établir ces écoles si nos gens ne les désirent pas vraiment et ne leur assurent pas une fréquentation générale pour ne pas dire totale. C'est en autant que les parents comprendront l'importance capitale de donner une éducation et une culture d'origine française à leurs enfants, que nos jeunes fréquenteront ces écoles où on respirera un climat vraiment franco-ontarien, tout en ayant une connaissance pratique de la langue de la majorité de l'Ontario, que l'établissement de ces écoles secondaires apportera une solution satisfaisante à ce qui a toujours été pour nous une sorte d'impasse.

Nous pouvons regarder l'avenir avec confiance, il me semble. Si la devise des Franco-Ontariens est "garde le dépôt", il faut savoir donner à ces mots un sens vraiment positif et surtout progressif: garder un dépôt que l'on sait faire fructifier.

Roger N. SÉGUIN

La Vie franco-ontarienne, Volume III, No 4, avril 1968, Association canadienne-française de l'Ontario.

Omer Deslauriers (1927-   )

Une longue et fructueuse carrière dans l'enseignement conduit Omer Deslauriers à assumer d'importantes responsabilités au sein de la communauté franco-ontarienne.   Au fil des ans, la présidence de plusieurs organismes lui incombe: Association des enseignants franco-ontariens, Association des écoles secondaires privées franco-ontariennes, Association canadienne-française de l'Ontario, Conseil des Affaires franco-ontariennes.   On le retrouve aussi à la direction de la programmation française de l'Office de la télévision éducative de l'Ontario.   Défait sous la bannière conservatrice, il est nommé délégué de l'Ontario à Bruxelles.

Dans son message inaugural adressé aux délégués réunis en congrès à Sudbury, les 4, 5 et 6 mai 1973, Omer Deslauriers passe en revue les activités de l'ACFO depuis quelques années, non pas comme un "essai de triomphalisme..., mais comme une assise sur laquelle on pourra baser notre action pour les années à venir".   Puis le président général définit le rôle que doit désormais jouer l'ACFO.   Il s'exprime en ces termes:

Unité d'action

(...)Rappeler brièvement les principales activités de l'ACFO durant les dernières années ne doit pas s'interpréter comme un essai de triomphalisme car on a fini, j'ose croire, la période des discours gradiloquents sur les activités du passé. Cette rétrospective veut être seulement une assise sur laquelle on pourra baser notre action pour les années à venir.

(...)Au cours de cette année, l'Ontario français a encore connu plusieurs crises scolaires qui, cependant, ont toutes fait avancer la reconnaissance de nos droits. Mentionnons à ce titre Spanish, Mississauga, Cornwall et Elliot Lake. Nous devons nous rendre à l'évidence que ces crises scolaires vont se poursuivre au cours de la prochaine année car plusieurs conseils scolaires ne comprennent pas encore la lettre et surtout l'esprit de la loi du ministère de l'Éducation régissant les écoles de langue française.

(...)L'ACFO doit continuer sa poussée dans tout l'Ontario pour devenir une voix, une force unifiante de tous les francophones de l'Ontario. L'ACFO ne doit pas être la voix unique - la seule voix des francophones - il faut de plus en plus que les organismes affiliés et autres se fortifient davantage pour défendre les intérêts divers des francophones. L'ACFO doit cependant, de par sa composition, être assez simple, assez ouverte, assez prête au dialogue pour être au courant des aspirations des francophones de toutes les régions ou secteurs d'activités de la province et pour appuyer d'une manière efficace les efforts et les démarches des divers groupes. Les diverses crises scolaires de Mississauga, Cornwall, Elliot Lake et autres ont démontré que l'initiative des activités est demeurée à l'échelon régional et que c'est grâce au dynamisme de ces régions que ces crises se sont résolues. Le mérite et l'honneur des victoires leur reviennent. Le rôle de l'ACFO m'apparaît comme un rôle d'aide, de catalyseur, de soutien qui peut assurer à une région l'appui de toute la province et, à l'occasion, intervenir auprès des autorités compétentes pour une solution qui rend service à toute la province. Bien que l'épanouissement des francophones de l'Ontario soit en partie assurée et par les législations provinciales et fédérales, il faudra toujours se souvenir que nous sommes minoritaires comme francophones en Ontario et que seule une unité d'action bien concertée pourra maintenir et même augmenter une force dont tout groupe minoritaire a besoin pour s'épanouir.

Cette force de frappe, cette unité d'action, ce dialogue, dans une province grande comme l'Ontario, si elle veut se continuer, doit être basée sur une solide méthode de financement d'une part et sur la continuation et l'expansion du bénévolat d'autre part.

Il ne faut pas se le cacher, l'ACFO passe à travers des difficultés financières. Depuis que le gouvernement fédéral verse des octrois pour l'animation, plusieurs personnes croient que ces octrois peuvent servir au financement de l'ACFO dans tous les domaines. Or, ces octrois ne financent que le secteur "animation" et tous les autres secteurs de la vie ontarienne - éducation, économique et social, en plus du secrétariat permanent- doivent se financer par des contributions volontaires. L'ACFO reçoit de modestes contributions des gouvernements du Québec, de l'Ontario et du fédéral pour couvrir une partie des frais d'opération mais ceci ne couvre qu'une partie des dépenses. On doit aller et on devra toujours aller chercher la majeure partie du financement de l'ACFO auprès des Franco-Ontariens. De la sorte, l'Association pourra toujours demeurer indépendante dans ses activités et ne pas être obligée de baser ses activités selon les principaux bailleurs de fonds. Si l'ACFO se veut être le porte-parole principal des Franco-Ontariens dans la défense des intérêts des francophones, elle est en droit d'attendre un solide appui de la part de tous les francophones de l'Ontario. J'invite donc les congressistes à se pencher sur ce problème durant ce Congrès, à s'engager personnellement à trouver dans leur milieu respectif des solutions pratiques et concrètes à ce problème. *ACFO → Probs de finance*

Cependant, même quand l'ACFO aura trouvé solide assise financière pour rencontrer les obligations qui se font de plus en plus pressantes, l'ACFO ne pourra être une force efficace si elle ne peut continuer à compter sur le bébévolat. Aucune association ne peut demeurer une force de frappe efficace si elle n'est pas soutenue par un bénévolat à toute épreuve à cause de la nature même du bénévolat. Travailler bénévolement, c'est d'abord travailler à titre gratuit, mais c'est aussi travailler avec intérêt, avec bienveillance, avec des dispositions amicales à une cause. C'est également travailler sans compter son temps, son dévouement, ses énergies et je tiens à rendre hommage ici à tous les Franco-Ontariens, que ce soit dans les rangs immédiats de l'ACFO ou dans tous les autres domaines, qui, parce qu'ils croient à l'essor de la francophonie en Ontario, ont donné et donnent encore le meilleur d'eux-mêmes pour améliorer la qualité de vie culturelle et sociale des nôtres. Sans ce bénévolat, je me demande si la francophonie existerait encore en Ontario.

Ces considérations sur l'unité des forces franco-ontariennes, le financement et le bénévolat, m'amènent maintenant à vous proposer des lignes d'action pour l'année en cours.

Je voudrais que l'ACFO se penche sérieusement sur le problème de la radio et de la télévision françaises en Ontario. De même que le réseau de chemins de fer a uni les Canadiens dispersés à travers tout le territoire, il y a un centenaire, il faut aujourd'hui qu'un réseau d'ondes réunisse le plus tôt possible les francophones qui vivent dispersés dans tous les coins de cette province.

(...)À l'heure actuelle, l'échéancier pour rejoindre certains groupes est tellement éloigné que ces centres isolés seront assimilés quand la télévision les rejoindra. En 1973, je voudrais proposer une "opération-urgence *télé*vision française" afin de pouvoir rejoindre tous les centres et assurer une programmation adéquate. Mes voyages dans les centres m'ont convaincu de cette urgente nécessité. Pour beaucoup de francophones, c'est le seul lien quotidien avec la culture française qui soit possible à l'heure actuelle.

La rapide urbanisation de notre société franco-ontarienne m'amène ensuite à confier à notre secrétariat une étude sérieuse de tout le phénomène d'urbanisation et à trouver une stratégie d'action pour assurer l'essor des francophones en milieux urbains tels que Toronto, Ottawa, Sudbury et Windsor. Dans ces milieux, un bon nombre de francophones vivent coupés de tout contact avec le groupe culturel d'origine et bien que plusieurs regrettent cet éloignement, cette dispersion, ils voudraient trouver des moyens pour conserver et améliorer leur héritage francophone, surtout à un moment de l'histoire de notre pays où le bilinguisme est à la vogue. Ils se trouvent tout de même désemparés dans leur solitude et un effort de regroupement, une nouvelle approche doit être trouvée pour redonner à ces gens une possibilité de conserver leur culture française. Le but de cette campagne ne vise pas surtout à augmenter le nombre de francophones en Ontario mais surtout d'assurer à ces gens des moyens de conserver leur identité culturelle qui, à mon avis, est très importante pour conserver cette "qualité de vie" dont chaque personne a besoin pour son plein épanouissement.

(...)L'ACFO n'a pas l'intention de se départir de son intérêt dans les choses de l'éducation bien que certains domaines particuliers devront toujours être confiés aux associations provinciales spécialisées. Mais l'ACFO devra continuer son action dans des milieux où on réclame son aide pour la création d'écoles ou l'amélioration des conditions existantes. Elle devra aussi continuer à coordonner les efforts des groupements éducationnels afin de permettre une solution d'ensemble au niveau provincial.

(...)En terminant ce long exposé, je voudrais laisser deux courts messages. Le premier consiste à inviter tous les Franco-Ontariens à s'engager davantage dans la promotion des francophones, chacun dans son milieu respectif. Fini le rôle du spectateur qui attend le résultat de la lutte pour ensuite faire valoir son point de vue. Le temps est venu pour chacun de poser sa pierre, de faire une contribution positive.

Le deuxième message m'est inspiré de l'attitude des jeunes Franco-Ontariens durant cette année. Rarement dans notre courte histoire, avons-nous vu des jeunes s'engager, vivre si dangeureusement pour la défense de leurs droits. Vraiment les jeunes étudiants du secondaire, qu'ils soient de Cornwall, d'Ottawa, de Toronto ou d'Elliot Lake ont démontré à la face de l'Ontario, à la face même du Canada qu'ils tenaient à leur identité et à leur héritage culturels. Avec des images frappantes - que ce soit sous la forme de grenouille ou de slogans comme "Nous la voulons, nous l'aurons", ils ont osé revendiquer une "qualité de vie" qui est la leur de par leur origine et qu'ils veulent maintenir dans cette province. Puissent les décisions de ce Congrès faire preuve d'autant de dynamisme et de détermination. Ainsi, la nouvelle génération se sentira appuyée et acceptera d'embarquer dans le coup.

Omer DESLAURIERS

XXIVe Assemblée générale, Association canadienne-française de l'Ontario, Sudbury, 6 mai 1973.

Jeannine Séguin (1928-   )

Institutrice dévouée, animatrice innée, organisatrice chevronnée, Jeannine Séguin fut tour à tour présidente de l'Association des enseignants franco-ontariens, de l'Association canadienne-française de l'Ontario et de la Fédération des francophones hors Québec. En 1962, elle reçut de Sa Sainteté Jean XXIII la décoration "bene merenti" en reconnaissance de sa participation aux organismes éducatifs et religieux de son diocèse. Son engagement, son expertise et sa compétence ont maintes fois servi les Franco-Ontariens, notamment lors des crises scolaires de Cornwall et de Penetanguishene.

À la fin de son mandat à la présidence de l'ACFO, le 26 septembre 1980, Jeannine Séguin livre un vibrant témoignage à "ses troupes" et leur laisse une sorte de testament où elle rappelle certains objectifs du congrès de 1910, dont celui de l'unité dans l'action. Soixante-dix ans plus tard, le même idéal demeure, la même recherche du bien commun franco-ontarien s'impose.   Voici quelques passages du "testament" de Jeannine Séguin.

Le bien commun franco-ontarien

(...)Devant les menaces de divisions qui pèsent aujourd'hui sur la société et même sur les organismes volontaires - on pourrait ajouter sur les provinces - la communauté franco-ontarienne se doit pour réussir, d'apporter un témoignage de collaboration et d'unité. L'idée n'est pas nouvelle, elle date du créateur et elle a été savamment exprimée depuis par Saint-Exupéry quand il invite les hommes à considérer les choses qui les unissent plutôt que celles qui les divisent. Cette idée est aussi le moyen le plus efficace de faire trembler les élus du pouvoir et d'apporter un démenti à ceux qui pensent encore que la vie franco-ontarienne est le fait de quelques unités dispersées dans les faubourgs!

L'ACFO d'aujourd'hui ne se croit pas investie de tous les charismes. Au contraire, elle a toujours été sensible aux critiques constructives. Elle souhaite que les assemblées générales en soient l'occasion. L'idéal serait d'agir en fonction du bien commun franco-ontarien: le défi est donc de tenter de s'entendre sur les divers éléments de ce bien commun.

Le rapport officiel des séances du congrès de fondation de notre organisme, en 1910, montre bien que les pionniers de notre association voulaient "faire taire les luttes qui nous divisent et nous affaiblissent", mais aussi "assurer la sauvegarde des intérêts canadiens-français dans cette province". En 1980, l'ACFO est une fédération de dix-sept associations provinciales et une fédération de dix-huit conseils régionaux qui, dans ces domaines particuliers, travaillent avec générosité à cette réalisation. Formée de gens ardents et désireux de réussir, il est normal qu'il y ait des tensions; mais il est normal aussi que le bien commun maintienne l'unité au sein de la communauté.

Un groupe de saints vivant ensemble ne font pas nécessairement communauté ou une famille spirituelle, à moins d'avoir un projet communautaire. Ainsi toutes nos sociétés affiliées, dévouées à la communauté franco-ontarienne, devraient-elles s'entendre sur un ensemble de projets communautaires.

Depuis notre dernière assemblée annuelle, l'Ontario français a perdu plusieurs éminents citoyens. Le vide créé chez-nous par le départ des Robert Barsalou, Albert Régimbal, Thérèse Saint-Jean, Charles Saint-Germain, pour n'en nommer que quelques-uns, doit être comblé par de nouveaux chefs de file aptes à se dévouer pour la cause franco-ontarienne.

Selon nos fondateurs, notre association devait être "un solide trait d'union entre ces divers groupements de compatriotes, afin qu'ils puissent plus facilement prendre contact entre eux, avoir conscience de leur nombre, mettre plus d'ensemble, portant plus de force, dans la revendication de leurs droits".

"Cette oeuvre de ralliement résume à elle seule, tous les travaux de notre congrès; si, au sortir de cette assemblée de famille, nous nous sentons plus près les uns des autres, débarrassés de préjugés et de travers qui, en nous divisant, ralentissent notre marche en avant, nous pouvons regarder avec confiance, car les peuples unis ne meurent pas."

Je ne veux pas passer en revue tous les faits et gestes de l'ACFO au cours des deux dernières années, mais il me semble opportun de signaler quelques événements qui se sont déroulés au cours de notre mandat.

L'ACFO a amélioré les contacts avec les régionales par des visites régulières et par des rencontres provinciales de leurs présidents. Nous avons doublé notre appui financier aux régionales.

Nous avons organisé deux rencontres avec les présidents et présidentes de nos associations affiliées afin d'améliorer la collaboration entre nous, tout en respectant l'autonomie de chacun.

L'ACFO a appuyé les gens de Penetanguishene afin qu'ils puissent obtenir une entité scolaire de langue française au secondaire. Nous continuons des démarches dans le même sens à Kirkland Lake, Blind River, Wawa et Iroquois Falls. Notre appui va également aux gens qui luttent pour des écoles élémentaires de langue française à Thunder Bay et Ignace.

Nous avons accordé une attention spéciale à la formation de nos bénévoles et de nos permanents tant au niveau provincial que dans les régions.

Après des pressions répétées, le gouvernement provincial s'est engagé à adopter d'ici 1981 une loi-cadre pour les services juri - diques en français.

Notre action constitutionnelle a respecté le droit du peuple québé- cois à l'autodétermination et lors de la campagne référendaire, nous avons voulu que nos politiciens provinciaux disent la vérité sur la situation des Franco-Ontariens lorsqu'ils parlaient aux Québécois.

L'ACFO a maintenu ses relations extérieures avec plusieurs organismes au niveau provincial, national et international.

Nous avons fait appel à plusieurs contractuels afin de préparer des dossiers tels que ceux sur Bell Canada, le CRTC et les sports et les loisirs au niveau national.

Nous avons accru nos relations avec la Fédération des francophones hors Québec et cela ne pourra qu'être profitable à nos 500,000 Franco-Ontariens.

L'ACFO a mis en application le rapport Lavoie concernant l'animation.

Ce ne sont là que quelques exemples des dossiers qui ont retenu notre attention au cours de notre mandat. Nous avons essayé, du mieux possible, de faire connaître davantage l'ACFO et ses services à la population franco-ontarienne.

Nous devons souligner le travail remarquable de nos permanents qui oeuvrent dans des conditions parfois difficiles au mieux-être de notre collectivité. Bénévoles et employés doivent partager les mêmes convictions et les mêmes objectifs si nous voulons travailler ensemble au développement de nos communautés.

Après soixante-dix ans d'existence, où va l'ACFO? Lors d'une session de réflexion sur l'orientation de notre organisme, les membres du comité exécutif provincial ont reconnu deux buts permanents:

-la reconnaissance des droits linguistiques individuels et collectifs des Franco-Ontariens;

-le développement de l'individu et de la communauté franco-ontarienne. (...)

Nos stratégies doivent être diverses pour assurer au maximum notre réussite. À l'exemple de nos prédécesseurs, tels Philippe Landry et Jeanne Lajoie, nous ne devons pas hésiter à prendre des moyens hors de l'ordinaire. Il faut donc des nôtres pour poursuivre l'interminable travail de sensibilisation des hauts fonctionnaires et des politiciens par l'élaboration de mémoires et par la participation à de multiples rencontres. Il faut aussi des Franco-Ontariens qui, refusant d'acquitter une amende pour stationnement illégal, puisque le règlement municipal à cet effet est unilingue anglais et parce que le code de la route n'est pas encore disponible en langue française, choisissent la peine de prison équivalente et ainsi, alertent l'opinion publique à la situation que nous devons endosser dans différents domaines. Il faut des gens qui agiront d'une façon comme de l'autre.

La planification de nos objectifs ne doit pas se faire uniquement au niveau provincial: chaque conseil régional devrait déterminer les objectifs à atteindre d'ici un an, d'ici deux ans, d'ici trois ans. Et ce processus devrait impliquer tous nos organismes provinciaux afin d'éviter tout dédoublement de nos efforts et de favoriser la concertation de nos actions. Après ce congrès, je me consacrerai à mon travail de présidente de la Fédération des francophones hors Québec où j'espère pouvoir contribuer à l'avancement des Franco-Ontariens et de toutes les communautés francophones du pays.

Pour les deux prochaines années, je serai aussi présidente sortante de l'ACFO, je désire à ce moment-ci, assurer la personne qui me remplacera à la présidence générale ainsi que ses collègues du nouveau comité exécutif provincial de mon appui et de celui des membres du présent comité exécutif. J'espère de tout coeur que vous aussi, de toutes les régions et de toutes les associations provinciales affiliées, vous appuierez concrètement les efforts de nos successeurs. Malgré nos divergences quant aux moyens d'action, nous devons tous nous rappeler que nous devons agir en fonction du bien commun de la population franco-ontarienne. Nous devons profiter de nos assemblées pour refaire notre unité et raffermir notre conviction. Travaillons ensemble et nous aurons droit au respect de nos interlocuteurs et à la reconnaissance de nos compatriotes.

Jeannine SÉGUIN

XXXIe Assemblée générale, Association canadienne-française de l'Ontario, Ottawa, 26 septembre 1980.

André Cloutier (1945-   )

Diplômé des universités de Sudbury, Montréal et Laval, André Cloutier enseigne d'abord au Collège universitaire de Saint-Boniface, puis à l'Université Lakehead, de Thunder Bay. Il participe à la fondation de l'Association des francophones du Nord-ouest de l'Ontario et en assume la présidence de 1978 à 1981. Monsieur Cloutier fut le premier président à plein temps de l'ACFO (1982-1984).

Universitaire et chercheur, André Cloutier réfléchit sans cesse au sens de l'agir humain, de l'agir franco-ontarien. Plusieurs de ses réflexions ont été publiées dans le journal *Le Temps* au cours de son mandat à la présidence de l'ACFO. Dans l'article reproduit ci-après il est question de la transformation du visage franco-ontarien, au fil des ans comme au contact d'une autre civilisation. Mais il est aussi question d'une permanence: l'âme franco-ontarienne.

L'âme franco-ontarienne

Il n'est pas facile de dire ce que nous sommes. Pourtant, si nous voulons savoir quel type d'institution nous voulons ou devons nous donner, nous devons avoir une image quand même assez précise de ce que nous sommes, de ce que nous avons été aussi, mais il faut surtout avoir une image claire de ce que nous voulons être.

Car si nous sommes n'importe qui, ou n'importe quoi, et surtout, si nous sommes prêts à devenir n'importe quoi, ce n'est pas compliqué: n'importe quelle institution, comme n'importe quelle ressource ou n'importe quel service peut nous permettre d'être cela.

Nous l'avons affirmé à plus d'une reprise: nous voulons "développer" notre communauté. Pour cela, il faut répondre aux nombreux besoins que nous avons: nous donner, surtout, des structures d'accueil et de services, des institutions, qui prennent soin de nous et cela de façon continue, sur une base permanente.

Or, la mesure de nos besoins, comme la mesure de nos institutions. c'est nous-mêmes. Il faut savoir ce que nous sommes, ce que nous voulons être et, par conséquent, ce qu'il nous faut, pour savoir quels services,quelles institutions nous voulons mettre en place pour, ainsi, créer la communauté que nous voulons créer.

Mais qui sommes-nous donc? Là-dessus, il est clair que notre collectivité ne s'entend pas, ou si elle s'entend, elle n'en tire pas partout les mêmes conclusions. Car, pour ne citer que deux extrêmes, dans un cas le "ce que nous sommes" amène les uns à poser des gestes que d'autres voient comme "radicaux": à l'autre extrémité le même "ce que nous sommes" pousse d'autres à poser des gestes qui sont perçus comme venant de "vendus", "d'assimilés", etc... Entre les deux, un grave fossé, cela va de soi, peu propre à contribuer à constituer une communauté franco-ontarienne comme nous en rêvons.

Mais que sommes-nous donc? Quelle est cette "image" ou cette "ressemblance" que nous avons et qui fait que, en dépit des rudes bousculades des vingt ou trente dernières années, en dépit de notre profond changement de visage, nous continuons d'être aujourd'hui un peu ou beaucoup, ce que nous étions hier, et ce que nous étions avant la dernière guerre, et au début du siècle, et au début du siècle dernier, et au début de la colonisation de la civilisation blanche sur ce continent et sur cette terre ontarienne. Quelle est cette continuité que nous voulons affirmer? Continuité d'histoire et de culture? Continuité de langue? Continuité d'une certaine manière de vivre, de sentir, de penser, d'être, d'interagir avec l'espace qui nous entoure.

Et comment reconnaître aujourd'hui cette continuité derrière nos multiples visages? Visage de la campagne et visage de la ville; visage de la jeunesse et visage de l'aîné; visage du "pur" francophone et visage du bilingue; visage du fonctionnaire et visage de l'employé d'usine; visage du minoritaire et visage du majoritaire; visage de l'arrivant et visage des descendants de la vieille souche, etc, etc...

Il est vrai qu'à force d'usure provoquée par notre fréquentation assidue de la civilisation anglo-américaine, notre âme et visage sont devenus de plus d'une manière méconnaissables. Plusieurs des nôtres ont même perdu en cours de route leur âme française ayant eu à la troquer en échange des nécessités essentielles de la vie. Mais entre la fardoche, les "bees", les "buggy" de nos campagnes d'autrefois et l'asphalte, les voitures, les centres d'achat, la musique rock d'aujourd'hui; comme entre les découvreurs français du XVIIe siècle en terre d'Amérique et les colonisateurs du siècle dernier, en terre ontarienne tout comme entre nos grand-pères, nos pères et nous-mêmes, il y a un lien, une âme que nous devons rechercher et découvrir; une continuité qu'il faut affirmer.

Or, une difficulté à cela vient de ce que nous les Franco-Ontariens, en moyenne, nous parlons fort peu de notre "âme" franco-ontarienne. Et quand, d'aventure, il nous arrive d'en parler, nous chuchotons si bas, que personne ne nous entend. C'est que ou bien nous doutons d'avoir une âme, ou bien nous doutons que celle que nous avons puisse avoir quelque valeur. De toute manière, c'est une vieille âme pleine de chansons dont on ne sait plus très bien les mots, de vieilleries qu'on avait cru abandonner jadis au folklore avec la baratte à beurre, l'armoire à glace et le poêle à bois!

"Moi, une âme franco-ontarienne? Mais voyons donc! Y a belle lurette que je suis rendu en ville!"

Pourtant, oui, il faudra parler à haute voix de notre âme franco-ontarienne si nous voulons un jour savoir ce qu'elle est et si nous voulons bâtir à la mesure de cette âme, notre société de demain. Une âme pleine de "branchaille" et d' "herbage" à laquelle s'est ajoutée, à la campagne comme en ville, l'expérience de la vie industrielle et post-industrielle américaine et anglophone, au coeur d'une province canadienne, l'Ontario, qui n'a rien à envier aux états américains technologiquement les plus évolués.

Notre misère comporte aussi la clef de notre grandeur.

Il faudra qu'un jour, parlant de notre âme franco-ontarienne, nous sachions refléter cette grandeur.

Mais, il faudra sans doute qu'auparavant nous nous mettions en quête de nos racines qui se prolongent non seulement dans cette province, mais dans ce continent de l'Amérique du Nord. Car l'histoire nous parle ici, et cela bien avant l'arrivée des loyalistes, de cette communatué: Etienne Brûlé à Toronto en 1610; Champlain à Pembroke et au pays des Algonquins en 1613, Nicolas Marsolais dans la vallée de l'Outaouais en 1620, les Pères Jésuites en Huronie dans les années 1640; RadiDesgroseillers au Nord du Lac Supérieur en 1654; Greysolon Duchut à la Baie du Tonnerre en 1679; les La Vérendrye à la conquête de l'ouest dans les années 1730-1740, etc, etc...

À ces quelques personnages s'en ajoutent de nombreux autres, connus, mais aussi d'innombrables voyageurs, avironneurs et autres, moins connus, qui ont parcouru de long et en large notre pays, cela sous le régime français jusqu'en 1768, mais aussi longtemps après, sous le régime anglais, servant de guides et de porteurs de paix aux nouveaux arrivants et maîtres.

Il nous faudra aussi entrer en possession de nos racines plus immédiates en nous rappelant nos ancêtres colonisateurs qui ont assuré à nos villages franco-ontariens de nombreux établissements et institutions leur existence, et qui, ce faisant, ont eu conscience de s'insérer dans cette mème continuité. Il faudra en fait réentendre ce qu'ont à nous dire les "murs de nos villages", produire, méditer, assimiler, traduire en conscience de contemporain l'expérience de séries télévisées comme la série "Villages et visages".

Il nous faudra nous réconcilier avec nos origines les plus anciennes et renouer avec notre patrimoine délaissé comme nous y incite une oeuvre comme celle d'un père Germain Lemieux, ethnologue à l'Université de Sudbury, nous y plonger, y découvrir les racines de notre conscience et une part essentielle de notre expérience dans le temps.

En somme, il nous faudra inscrire ce que nous avons été avec ce que nous sommes et y fonder notre continuité de l'avenir. Il nous faudra lire, voir, entendre, méditer les oeuvres de nos artistes en quête d'une image, déjà circonscrite et déjà traduite en termes contemporains, de notre continuité et de notre âme franco-ontarienne.

En attendant, il est essentiel que nous nous engagions à mettre en place les institutions et les structures qui, par leur orientation, la maîtrise que nous saurons exercer sur cette orientation, nous permettront de profiter au maximum des conjonctures géographiques, technologiques, sociologiques, etc..., où s'insère notre être francophone, notre originalité.

C'est à cette condition que s'exerceront, en Ontario, les effets de notre différence.

André CLOUTIER

PHOTOGRAPHIES

Nom	Source
Albert Constantineau	Collection de l'Association canadienne-française de l'Ontario (ACFO), Centre de recherche en civilisation canadienne-française (CRCCF), Université d'Ottawa
Napoléon-A. Belcourt	Collection de l'ACFO, CRCCF
Philippe Landry	Collection de l'ACFO, CRCCF
Samuel Genest	Collection de l'ACFO, CRCCF
Aimé Arvisais	Collection de l'ACFO, CRCCF
Alexandre Beausoleil	*Congrès d'éducation des Canadiens-Français d'Ontario,* Ottawa, 1910, ACFEO, p. 36
Élie-Anicet Latulipe	Les Clercs de Saint-Viateur, *Galerie canadienne des portraits historiques,* Montréal, 1921
Raoul Hurtubise	Société historique du Nouvel-Ontario, *Le docteur J.-Raoul Hurtubise,* Documents historiques n°s 58-59-60, Sudbury, 1971.
Jules Tremblay	Collection de la famille Tremblay, CRCCF
Gustave Lacasse	Collection de la famille Lacasse, CRCCF
Victor Barrette	Collection du journal *Le Droit,* CRCCF
Louis Charbonneau	Collection Louis Charbonneau, CRCCF
Roger N. Séguin	*La vie franco-ontarienne,* bulletin de l'ACFEO, Volume 111, n° 2, novembre 1967, p.5
Omer Deslauriers	Bureau provincial de l'ACFO
Jeannine Séguin	Bureau provincial de l'ACFO
André Cloutier	Bureau provincial de l'ACFO

Achevé d'imprimer sous les presses de
l'imprimerie Roger Vincent Ltée

LE CONSEIL DE LA VIE FRANÇAISE EN AMÉRIQUE

Le président du Conseil de la vie française en Amérique, M. Raymond Marcotte, le secrétaire général, M. Jean Hubert, et les membres du Conseil pour l'Ontario, Mme Jacqueline Martin, M. Gaston Beaulieu, Florian Carrière, Emile Guy et Gérard Lévesque, offrent à l'ACFO, pour son anniversaire, les meilleurs vœux du Conseil et l'assurance d'une collaboration continue et sincère.

Tous nos hommages à l'ACFO !

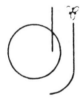

direction jeunesse

"au service des jeunes de l'Ontario français"

La jeunesse franco-ontarienne
tient à rendre un vibrant hommage
aux femmes et aux hommes qui ont,
au cours des 75 dernières années,
façonné l'Ontario français
en érigeant l'ACFO !

173, rue Dalhousie. Ottawa, Ontario — K1N 7C7
(613) 238-1213